GEORG KÜHLEWIND

Vom Umgang mit der Anthroposophie

GEORG KÜHLEWIND

Vom Umgang mit der Anthroposophie

VERLAG FREIES GEISTESLEBEN

1. Auflage der erweiterten Neuausgabe 2001
Verlag Freies Geistesleben
Landhausstraße 82, 70190 Stuttgart
Internet: www.geistesleben.com

ISBN 3-7725-1904-0

Einbandfoto: Walter Schneider, Stuttgart
Druck: WB Druck, Rieden

Inhalt

Anhang

Vorwort

Eine weit verbreitete Erfahrung in der Begegnung mit der Anthroposophie ist, dass bei den Darstellungen von geistigen Tatsachen durch Rudolf Steiner im Leser oder Zuhörer ein spontanes Evidenzgefühl aufsteigt.

Man weiß mit Sicherheit: «Das ist gewiss so» oder «das habe ich eigentlich schon gewusst, jetzt ist es nur klar und deutlich bewusst geworden» oder «dies habe ich schon vorher selbst deutlich erlebt».

Das mag ein Grundsätzliches in Bezug auf das Wesen des Menschen sein. Sehr oft kann sich diese Erkenntnis auf die Gesetzmäßigkeiten des Lebenslaufes beziehen. Man hat eine Tatsache selbst durchlebt und durchlitten, und nun wird sie überzeugend klar durchschaut. Es mag sein, dass es die Darstellung der wiederholten Erdenleben ist, und plötzlich tauchen ohne Absicht und ohne meditative Übung starke Lebensbilder aus anderen Zeitaltern auf, die schwerlich etwas anderes als Situationsbilder aus einem früheren Erdenleben sein können und die sofort so gedeutet werden. Oder es kann vorkommen, dass mitten in einer Darstellung Rudolf Steiners von scheinbar weit abgelegenen und hohen Sphären der geistigen Welten das Erlebnis kommt, dass die physische Umgebung des Zimmers, wo man sich gerade befindet, völlig verschwindet und die dargestellte geistige Wirklichkeit mit überzeugender Evidenz einfach «anwesend» ist.

Was liegt hier vor? Die Menschen der Gegenwart sind im Unterbewusstsein an der Schwelle zur geistigen Welt angekommen. Es bedarf oft nur ganz weniger Anstöße von außen, und die geistigen Tatsachen ragen irgendwie in das Bewusstsein herein. Der Ätherleib des Menschen beginnt langsam, sich etwas von dem Gefesseltsein am physischen Leib zu lösen und zu lockern, und spontane hellsichtige Erlebnisse – ohne vorausgehende denkerische und meditative Schulung – treten hervor.

In dieser Lage bildet sich ein Grenzfeld vor, an und auf der anderen Seite der Schwelle zur geistigen Welt, wo sehr große Täuschungsmöglichkeiten entstehen können. Denn so wie jede physisch-sinnliche Wahrnehmung erst durch die erkennende Denktätigkeit gewissermaßen «nach oben» zur wahren Wirklichkeit ergänzt wird, braucht jede übersinnliche Wahrnehmung geistiger Tatsachen gewissermaßen «nach unten» durch denkend-erkennende Tätigkeit die Ergänzung, wodurch erst die wahre Wirklichkeit erfasst werden kann.

Nur allzu leicht mischen sich in diesem Grenzfeld vor, an und jenseits der Schwelle zur geistigen Welt Vorstellungen, die nicht denkend verarbeitet wurden, halb bewusste Erinnerungsreste, undurchschaute Wünsche, Triebe und Begierden in das Erleben der geistigen Tatsachen herein, und das Ergebnis mag nur allzu oft Täuschung und Aberglaube sein.

Dieses Grenzfeld, in dem der moderne Mensch bewusst, halb bewusst oder ganz unbewusst sein wahres Wesen sehnsuchtsvoll in der geistigen Welt sucht, braucht deshalb eine radikale Reinigung, eine Katharsis, die nur durch eine durchgreifende Selbsterkenntnis, Lebensumwandlung und abklärende Denkschulung als Voraussetzung für die Wahrheitssuche erreicht werden kann.

Hinzu kommt in der Gegenwart eine ständig steigende Inflation von Worten durch alle Massenmedien und die Sintflut der gedruckten Texte. Wo hört der Wortschwall auf, und wo beginnt das Denken? Die Inflation der Worte macht natürlich auch vor den Türen der Anthroposophischen Gesellschaft nicht halt. Ständig muss in innerer Anstrengung die geistige Tätigkeit des Denkens –

unabhängig von den Worten – neu geübt werden, so dass dann aus dieser rein geistigen Kraft jedes Wort wiederum neu, von innen, durch denkend erfasste Tatsachen erfüllt werden kann.

Diese Reinigung ist ein besonderes Anliegen von Georg Kühlewind, der in seinen Werken immer wieder auf die Bedeutung der mühevollen Denkschulung als Voraussetzung auf dem Weg zur Wahrheit hinweist.

In dem vorliegenden Buch «Vom Umgang mit der Anthroposophie» geht es um das Studium der Anthroposophie, um den Umgang mit der Geisteswissenschaft Rudolf Steiners.

Im Anhang sind besonders markante Stellen zu diesem Thema aus dem Werk Rudolf Steiners zusammengestellt, wo von den verschiedensten Seiten die Reinigung des Grenzfeldes, die Überwindung der Täuschungsquellen an der Schwelle zur geistigen Welt mit strengen Worten charakterisiert wird.

Eine besondere, zusätzliche Bedeutung hat diese Arbeit der Erkenntnisreinigung durch Denkschulung in der Gegenwart, wo in der unmittelbaren Umgebung der Anthroposophischen Gesellschaft eine sonderbare Flora von etwa dreißig verschiedenen «okkultistischen» Bewegungen sich entfaltet, und wo immer wieder auch Anthroposophen hereinfallen, weil sie offensichtlich die Unterscheidungsfähigkeit in diesem Grenzfeld an der Schwelle zur geistigen Welt nicht zureichend geübt haben.

Eine gründliche Reinigung scheint auch in dieser Richtung aktuell zu sein. Dieses Buch möge ein Beitrag dazu sein.

Dornach im November 1990 *Jörgen Smit*

Einleitung

Die Anthroposophie wendet sich als Idee an das Denken, und durch das Denken kann sie als leuchtende Wärme zum Herzen sprechen. Diese Bewegung setzt aber voraus, dass das Denken nicht an sein Instrument, das Gehirn, gefesselt bleibt. Wird das Denken durch den Mechanismus des Gehirns bestimmt, dann verliert es seine Autonomie und kann sich nicht mehr frei betätigen. Dann wird die Annahme, das Gehirn sei es, das denkt, Wirklichkeit.

Der Umgang mit der Anthroposophie kann dazu dienen, dass der Mensch sein Denken und Seelenwesen mehr und mehr unabhängig macht von den vorgegebenen Strukturen des Gehirns, des physischen Leibes. Das ist das Ziel des Studiums der Anthroposophie: ein Tun, ein Geschehen, nicht ein Wissen über Inhalte, die man fälschlich für Informationen nimmt. Dieses Ziel wäre gänzlich illusionär, würde der Mensch nicht schon im Alltagsleben bei jedem *neuen* Verstehen die überbewussten Bewusstseinsebenen punktuell berühren. Diese Berührung zu erweitern, den Lichtblitzen Dauer zu geben, ihre Erfahrung auszudehnen ist das Ziel des Umganges mit der Anthroposophie auf der Ebene des Studiums. Die *Metanoia,* Sinn-Änderung, bedeutet, dass der Lesend-Übende die Ebene, nicht nur die Inhalte seines Bewusstseins verändert. Die Inhalte dienen diesem Ziel: Ihr wirklicher Sinn ergibt sich nur dem erhöhten Bewusstsein. Man liest viel langsamer, wenn man wegen des Wie der Darstellung (s. Anhang XV, S. 72 f.) und nicht nur wegen des «Inhalts» liest. Studium heißt hier: Lesen und Üben.

Die vorliegende Schrift hat zwei Ziele: zum übenden Umgang mit der Geisteswissenschaft und zur selbstständigen Neuformulierung ihrer Inhalte aufgrund von Erfahrungen anzuregen. Denn die Zeiten ändern sich schnell, viel schneller als früher.

Wahrheiten können nicht einfach als feststehende Dogmen überliefert werden, sie sind immer Wahrheiten eines bestimmten Zeitalters und müssen zu jeder Zeit neu aufgefasst werden, und das erfordert jeweils eine erneute Aktivität in Bezug auf die Auffassungsgabe der Menschen (vgl. Anhang XX, S. 79).

Der im zweiten Teil dieser Schrift beigegebene Anhang dient dazu, den Leser auf entsprechende Aussagen Rudolf Steiners hinzuweisen. Die Zitate sind nicht als «Beweise» gemeint, sondern sie sollen zeigen, wie er seine Mitteilungen über geistige Erfahrungen gemeint hat.

In dieser Schrift wird eine Art Umgang mit der Anthroposophie vertreten und vorgeschlagen, die heute und vielleicht auch morgen noch aktuell ist. Das bedeutet nicht, dass der Autor jede andere Weise, sich mit der Geisteswissenschaft zu befassen, verpönt oder verurteilt. Im Gegenteil: Er verneigt sich tief im Geiste vor denen, die ihm die Anthroposophie auf ihre ganz andere Weise vermittelt haben, und auch vor denen, die in der Zukunft weitere, von seiner ganz verschiedene Methoden entwickeln. Dass dies geschehen wird, ist seine Hoffnung: Denn eine Lehre lebt nur, solange sie sich wandelt.

«Die Erziehung, welche die Geisteswissenschaft an uns vollführt, ist viel wichtiger als der Inhalt der Geisteswissenschaft.»[1]

Der Umgang sollte nicht zum Umgehen führen.

1. Der Charakter der Geisteswissenschaft

Alle Wissenschaften, außer der Geisteswissenschaft, arbeiten auf derselben Bewusstseinsebene. Diese ist dadurch gekennzeichnet, dass sie die Produkte oder Ergebnisse von Vorgängen enthält, aus ihnen besteht, während die Vorgänge selbst meistens unbemerkt bleiben und nicht erfahren werden, wie z.B. das Denken, das Gedachtes produziert. Der Gedanke ist das fertige Produkt des Denkprozesses, und der akustisch oder schriftlich ausgedrückte Gedanke muss durch ein neues Denken gehen, in ihm für einen Augenblick flüssig, lebendig werden, wenn er verstanden werden soll. Es ist bezeichnend, dass wir dieses Schmelzen und gleich Wiederverfestigen des Gedankens gar nicht erfahren – so schnell geschieht es. Bekannte Gedanken werden durch den Gedankensinn als solche erfasst, ohne oder durch sehr wenig aktuelles Denken.

Die gekennzeichnete Ebene soll sinngemäß die *informative* genannt werden: Sie besteht aus Information wie «so ist es», «so geht es vor sich» oder entsprechenden Feststellungen. Diesen Feststellungen liegen in der Naturwissenschaft und anderen sie nachahmenden Wissenschaften die Fragen zugrunde: «warum?», «woraus?» und «wie?»; sie sind alle analytisch. Was analysiert wird, muss erst als Einheit *gegeben* werden, durch vorangehende bewusste oder aus der Kindheit gebliebene nichtbewusste Kenntnisse oder Erkenntnisse. Letztlich können diese auf unmittelbar innegewordene Elemente zurückgeführt werden. Solche sind z.B. die ersten verstandenen Worte, Begriffe, Sinnesqualitäten usw.

Wenn man hingegen einen Text verstehen will, dann lautet die

Frage anders: «Was *bedeutet* das?» Man fragt nicht, woraus die Zeichen, z.B. Buchstaben, bestehen, warum sie auf die gegebene Weise aufeinander folgen oder wie sie auf das Papier gekommen sind, welche Gestalt oder welche Entfernung sie voneinander haben. Zusammenlesen und verstehen kann man den Text immer nur von obenher: Die Ebene der Buchstaben wird verlassen, um zu den Worten, die Ebene der Worte, um zum *Sinn* des Satzes zu kommen. Der Sinn *entsteht* im lesenden, verstehenden Bewusstsein, er ist kein Ding und mit keinem der Zeichen, die ihn in der Wahrnehmungswelt ausdrücken, identisch, auch nicht mit ihrer Gesamtheit. Ebenso kann ein Phänomen – auch das Erkennen – nur von obenher verstanden werden.

Die Geisteswissenschaft ist gerade auf jenes Gebiet, auf jene Prozesse gerichtet, aus denen die anderen Wissenschaften ihren Inhalt beziehen, aus dem das Weltbild des Alltagsbewusstseins, dessen Ebene dieselbe wie die der Wissenschaft ist, aufgebaut ist. Ihre Welt ist die Welt des Erkennens und des Erkennenden, nicht die des Erkannten im gewöhnlichen Sinne. Ihre unterste Ebene ist die, auf der der *Sinn* eines Satzes zu finden ist, und von da erstreckt sie sich aufwärts zu noch höheren Ebenen des Bewusstseins. Daher ist sie nicht auf der informativen Ebene zu betreiben und zu verstehen. Sie erfordert ständig ein Sich-Erheben von dieser auf eine höhere: Sie ist im eminentesten Sinne eine *lesende* Wissenschaft. Die Gedanken und Bilder, durch die sie mitgeteilt wird, bilden die Ausgangspunkte zu einem höheren Sinn, wie Buchstaben und Worte Ausgangspunkte sind, den Sinn des Satzes zu erreichen. Diese Art von Lesen, in dem Gedanken, Bilder oder Wahrnehmungen die Elemente sind, wird *Meditieren* genannt. Das gewöhnliche *Verstehen* – das Aufblitzen eines neuen Verständnisses – kann als eine momentane kurze Meditation angesehen werden. Die Meditation ist der direkte Weg zur *Erfahrung* auf dem Gebiet der Geisteswissenschaft. Wer sich ihr auf diese Weise nähert, kann im weiteren auch geisteswissenschaftlich forschen. Ein vorläufiger Weg zum Verstehen der Ergebnisse solcher Forschung kann die gedankliche Intuition sein. Die Ergebnisse sind Ideen höherer Art. Sie können dem nicht-meditierenden intuitiven Denken – dieses ist *wirklich* Denken – auf zwei Wegen vermittelt werden.[2]

Jede Erkenntnis wird durch Bewusstseinsprozesse erworben und kann in sie aufgelöst, daher auch in der Form solcher Vorgänge beschrieben werden. Das kann auch im Hinblick auf höhere Erkenntnisse stattfinden – und das ist der eine Weg. *Diese* Bewusstseinsprozesse aber sind zunächst gar nicht bekannt, und ohne eine gewisse Übung auf dem Schulungsweg ist ihre Beschreibung unverständlich; etwa wie die Bewegungen eines Geigers einem, der nie das Geigen gesehen hat, kaum zu beschreiben sind. Die Beschreibung der Bewusstseinsvorgänge kann so gehalten werden, dass man sie nicht missverstehen kann: Entweder findet man die Wirklichkeit des Beschriebenen durch Intuition oder eben nicht. Der andere Weg ist die bildliche Wiedergabe der übersinnlichen Forschungsergebnisse. In diesem Fall ersetzen die Bilder eine Wahrnehmung, die zu haben man nicht fähig ist. Die Bilder dürfen nie im Sinne *unserer* alltäglichen Wahrnehmungen genommen werden – und die Gefahr eines solchen Missverstehens ist groß –, sonst entsteht eine Vorstellungswelt nach dem Muster unserer Sinneswahrnehmungen und wird für eine geistige Welt gehalten (vgl. Anhang I, S. 43). Die Bilder müssen in ihrem Symbolcharakter vernommen und gelesen, nicht durch den alltäglichen Verstand *gedeutet* werden. Sie können zu gedanklichen Intuitionen führen, wie eine Sinneswahrnehmung es im geglückten Fall auch tut.

Die zwei erwähnten Wege zur Geisteswissenschaft sind *vernehmende* Gebärden; sie führen zu einem gewissen Verständnis, nicht aber zur Möglichkeit, mit den Ergebnissen der Geistesforschung zu *leben,* mit ihnen frei und sachgemäß umzugehen. Durch Spekulation, Kombination, durch die Verknüpfung der Ergebnisse der Geistesforschung durch den Verstand überschreitet man die Kompetenz, die durch das präliminare Verstehen gegeben ist (vgl.

Anhang II, S. 44). Der Verstand arbeitet auf einer niedrigeren Ebene, als woher die Ergebnisse rühren: Ihre Kombination wäre eine Vermischung – und Verunreinigung – der unterschiedlichen Ebenen. Immerhin ist die Versuchung zum spekulativen Anwenden des Verstandenen groß. Da es sich jedoch nicht um Informationen handelt, ist jedes Vergleichen, Kombinieren unsachgemäß. Über die geistige Welt, da sie auch in ihrer untersten Ebene nur bis zur Ebene des *Werdens* kommt, kann es keine Informationen geben, wie sie in der Welt des «Seins» möglich sind. Jeder Versuch, die Ergebnisse der geistigen Forschung als «Inhalte» zu nehmen, führt zu ihrer Verzerrung. Es führt zu den unzähligen Missverständnissen, die den Zugang zur Geisteswissenschaft verschleiern und verdecken, gerade vor denjenigen, die sie ernsthaft suchen – es ist die Korruption der Lehre.

Aus dem Vorangehenden sollte ersichtlich geworden sein, dass das Wissen und Erinnern der geisteswissenschaftlichen Mitteilungen kein primäres Ziel sein kann. Das Ziel dieser Mitteilungen ist, dass sich die Bewusstseinsebene im Sich-Befassen mit ihnen erhöhe (vgl. Anhang III, S. 45).

2. Der gesunde Menschenverstand

Eine Quelle der Missverständnisse ist sicherlich darin zu finden, dass Steiner sich sehr oft an den «gesunden, unvoreingenommenen Menschenverstand» wendet: Sind die geistigen Wahrheiten einmal durch entsprechende Forschung erworben und in eine sachgemäße sprachliche Form gebracht worden, dann sind sie für den «gesunden Menschenverstand» begreifbar. Selten achtet man auf das, was Steiner unter «gesundem Menschenverstand» versteht. Beachtete man seine Aussagen darüber, so ginge man mit den Texten viel vorsichtiger um (vgl. Anhang IV, S. 46).

Aus den im Anhang angeführten Texten mag es klar sein, dass der gesunde Menschenverstand keineswegs etwas allgemein Gegebenes, sondern eine hohe Anforderung ist, die man kaum anders als durch Bewusstseinsschulung erfüllen kann. Sie wird von Steiner auch oft als «reines Denken» charakterisiert. Der Ausdruck hat eine Tiefe; er bezeichnet eine Stufenfolge von Reinigungsakten im Hinblick auf das Denken.

Die erste Stufe besteht wohl darin, dass das Denken von allen emotionellen Beimischungen, Vorurteilen, Neigungen usw. befreit wird. Die zweite befreit es von den Wahrnehmungselementen, so wird es zwar «sinnlichkeitsfrei», aber es kann abstrakt, d.h. auf der Alltagsebene bleiben (vgl. Anhang V, S. 52). Im nächsten Schritt wird das Denken von den Vergangenheitselementen gereinigt, und das bedeutet, dass es leibfrei wird, d.h. sich nicht mehr auf die Gehirnprozesse stützt, und sich auf die prozessuale, lebende oder imaginative Ebene erhebt: das *reine lebendige* Denken. Die weiteren höheren

Stufen werden nicht mehr «Denken» genannt, obwohl sie das lebendige Denken in sich aufgenommen enthalten (erkennendes Fühlen und Wollen).

Das lebendige Denken ist das gesunde, unvoreingenommene Denken, der «gesunde Menschenverstand» (vgl. Anhang V, S. 52).

Wenn man einem Weg oder einer Lehre begegnet, die zu höheren Erkenntnissen führen sollen, so hat man ein Paradoxon zu überwinden: Dass man nämlich die Lehre zunächst durch ein Bewusstsein vernimmt, das noch nicht belehrt oder verwandelt ist. Dieses kann eigentlich die Lehren, die es als vernehmendes übersteigen, nicht verstehen. Die Möglichkeit, aus dieser Falle des Bewusstseins herauszufinden, kommt durch zwei einander entgegenstrebende Gebärden zustande. Die eine ist die des modernen Bewusstseins – der Bewusstseinsseele –, das auf sich selbst schauen oder reflektieren kann, d.h. sich auf *zwei* Ebenen bewegt, wenn auch die höhere nur flüchtig und selten berührt wird[3]; die andere ist eine solche Beschreibung des Weganfanges oder des zugänglichsten Teiles der Lehre, der das hinaufstrebende Bewusstsein begegnen kann. Das ist der Weg zu der in Kapitel 1 erwähnten gedanklichen Intuition. Findet so eine Begegnung statt, dann ist der Weg von Schritt zu Schritt gesichert. Nur auf dem Weg der konkreten Bewusstseinsübungen ist das wirkliche Verstehen der Lehre graduell möglich. Zum provisorischen, anfänglichen Verstehen muss das Bewusstsein wenigstens punktuell auf die entsprechende Ebene gehoben werden. Dazu kann das Reflektieren auf sich selbst verhelfen, indem es das Nicht-Verstehen oder das unzulängliche Verstehen *bemerkt:* eine der wichtigsten Erfahrungen beim Studium.

3. «Inhalte»

Der naive Realismus, die Ansicht, dass es Wahrnehmungen, Gedanken, Tatsachen usw. ohne mein Mitwirken gibt, dass all dies einfach «da ist», diese stark eingewurzelte Lebenshaltung ist vielleicht im Hinblick auf das Lesen von Texten am schwierigsten zu überwinden, obwohl es auf diesem Gebiet am ehesten und leichtesten geschehen könnte. Denn es ist eine allgemeine und oft erlebte Erfahrung, dass ein Text, ein Buch mir nur sagen kann, was ich zu verstehen gerade imstande bin; und wenn ich «denselben» Text nach einiger Zeit wieder lese, kann er mir ganz fremd vorkommen und ganz neue Inhalte vermitteln. Daraus könnte man durchaus leicht zur Einsicht gelangen, dass es «Inhalte» nur für mich, durch mein Verstehen gibt und dass auch Gedanken als Gedanken nur dann in mein Bewusstsein treten können, wenn ich ihre tote Form – die schriftliche oder akustische Erscheinung – in mir auferstehen lasse, indem ich sie *denke.* Nur durch mein Denken wird ein «Gedanke» mir zugänglich, wird er für mich Gedanke (abgesehen von wohlbekannten Gedanken, die ich durch den Gedankensinn ohne aktuelles Denken vernehmen kann).

Daher ist die sehr verbreitete Ansicht, dass «geistige Inhalte» «wirken», ein Ausfluss des naiven Realismus, einer erkenntnistheoretisch ungeschulten Naivität. Es gibt «an sich» weder Inhalte noch Gedanken. Wie alles andere haben sie intentionale Realität, d.h. ihre Wirklichkeit (damit auch ihre Wirksamkeit) wird von zwei Seiten her bestimmt: von dem Autor oder Denkenden und von dem Leser oder Vernehmenden.

Die missverstandenen, nominell oder inadäquat aufgenommenen Inhalte – Dogmen – haben allerdings eine sehr eindeutige «Wirkung»: Sie verderben das Bewusstseinsleben und lassen es erkranken. Wird in das Bewusstsein ein «Inhalt» ohne Verstehen, missverstanden oder inadäquat verstanden aufgenommen, ohne dass man es bemerkt, so bildet er einen Einschluss, eine nicht mehr durchblutete Stelle im Bewusstsein, woran dieses erkrankt: Es erhält die Neigung, weitere Einschlüsse in sich zu bilden. Die Erkrankung des Erkennens zieht zwangsläufig die Erkrankung des moralischen Empfindens nach sich – falls die Moralität nicht schon früher erkrankt war und die Erkrankung des Erkenntnislebens gerade aus moralischen Gründen (z.B. durch Ehrgeiz) erfolgt ist.

Die Bewusstseinsstruktur des modernen Menschen schließt es aus, dass das Wort auf ihn eine unmittelbare Wirksamkeit habe, es muss von ihm entgegengenommen werden. Darauf gründet die menschliche Freiheit. Demagogen versuchen durch ihre Rede nicht auf das Erkennen, sondern auf das Gefühlsleben des Menschen zu «wirken» – ein Angriff auf die menschliche Freiheit. Für das moderne Bewusstsein ist ein «mantrischer» Text nur dann wirksam, wenn der Text in die Meditation hereingenommen und auf diese Weise *verwirklicht* wird (vgl. Anhang VI, S. 53).

Ein geisteswissenschaftliches Buch ist nicht wie eine Zahncremetube, aus der durch einen leichten Druck der «Inhalt» herausfließt und zur Verfügung steht.

4. Wissen und Können

Um zu einem nicht-informativen höheren Wissen zu gelangen, muss man ein entsprechendes Können entwickeln. Wenn Wissen und Können getrennt werden, verkommen beide. Das Wissen oder die Weisheit wird zum gedachten Gedanken, zur Information, zum Dogma, zur Lehre auf einer inadäquaten Ebene, zum Formalismus, wenn es der Fähigkeit entbehrt, durch die es zustande gekommen ist. Eine Meditation ohne Erkenntnis führt zu bloß seelischen Zuständen, zum Quietismus, zur Selbstpflege und ist für die Menschheit, für die Erde, für das Weltall bedeutungslos.

In der Geschichte des Zen-Buddhismus findet man den Kampf um die erkennende Meditation wiederholt historisch dargestellt.[4] Die alten Zen-Meister wussten von der Gefahr der Mitteilung und wollten dieser durch Nicht-Mitteilen vorbeugen. Ähnlich verfuhr die sogenannte negative Theologie von Dionysius Areopagita bis Nicolaus Cusanus, indem sie vermied, über das Göttliche anders als negativ – nicht dies, nicht das, neti neti – zu sprechen. Die Zen-Meister wussten aber auch von der Gefahr der nicht-erkennenden Meditation. Die Gefahr des Mitteilens liegt in der möglichen Verselbstständigung der Mitteilung, so dass sie die Erfahrung ersetzt, anstatt zu ihr hinzuführen. Auf einer niedrigeren Ebene würde das der Einstellung gleichen, dass jemand sich mit der Beschreibung der Buchstaben begnügen würde, ohne zu versuchen, sie zusammenzulesen; oder mit dem Anschauen der Landkarte, ohne die geographischen Orte zu erleben. Die Buchstaben sind die Direktiven, sie zu verwirklichen; so sind die Mitteilungen über die geistige

Forschung auch: Man kann sie nicht als Informationen behandeln. Wir sind allzu gewohnt, Texte als Informationen zu nehmen, und das ist viel bequemer, als sie zurückzuverwandeln in die Erfahrung, aus der sie stammen.

Durch die Mitteilungen der geisteswissenschaftlichen Forschung ist heute ein Wissen ohne Können entstanden; durch die für den westlichen Menschen (damit sind alle gemeint, die in der westlichen Zivilisation aufwachsen) nicht aktuelle meditative Praxis sind heute Meditationsarten verbreitet, die nicht zu Erkenntnissen führen: Wir haben gerade das, was jede fortschrittliche Tradition vermeiden wollte, *Prajna* (d.h. Weisheit) ohne *Dhyana* (Meditieren) und *Dhyana* ohne *Prajna.*

Im Zeitalter der Verstandesseele war es durch die Seelenstruktur unmöglich, über etwas zu sprechen, ohne es gänzlich denken zu können; das ist aber für die Bewusstseinsseele durchaus möglich, weil sich in ihr das Denken von der Sprache emanzipiert hat.[5] Dazu trägt bei, dass die Sprache der Mitteilungen die Alltagssprache ist; die Mathematik hat eine eigene Sprache, daher kann sie nicht missverstanden oder missdeutet werden.

In einer wissenschaftlichen Darstellung kann das Sich-Berufen auf eine Textstelle, auf eine Autorität, kein Argument sein. Jede Behauptung ist verifizierbar oder einsehbar: Das macht das Mitgeteilte zur Wissenschaft. Wo man sich auf eine Lehre, auf Dogmen, auf Tradition beruft – falls es nicht darum geht, auf einen Gedankengang der Kürze halber hinzuweisen –, geht es um ein für einen selbst Nicht-Reproduzierbares; denn man brauchte sich ja nicht zu berufen, wenn man den Inhalt selber reproduzieren könnte. Anders gesagt: Es geht nicht um ein Erkennen, sondern um ein einst, irgendwann durch irgendjemanden Erkanntes, das wir nicht verstehen oder worin wir nicht sicher sind; sonst wäre es aktuelle Erkenntnis – die unsrige. Man beruft sich auf etwas, was man selbst nicht erkennen kann.

So ist aber jedes Sich-Berufen ein Schein. Denn letztlich muss man selbst entscheiden, worauf oder auf wen man sich beruft. Das zu entscheiden ist ein sehr anspruchsvoller Akt, dem derjenige, der sich berufen will, kaum entsprechen kann. Die Entscheidung, worauf man sich beruft, kann nicht aus Erkenntnis geschehen, denn diese müsste die Quelle dessen beurteilen können, worauf man sich beruft. Diese Aufgabe ist notgedrungen größer als die Erkenntnisaufgabe, anstelle derer man sich auf etwas berufen will.

Da ist wieder der naive Realismus wirksam, denn der Sich-Berufende bemerkt nicht, dass er es ist, der wählt: für wertvoll, für Wahrheit hält, worauf er sich beruft. Er steht nicht auf dem Boden des Erkennens. Wenn man auf Erkenntnis gründet, hat man die Sicherheit des Wahrheitfindens, wenn auch vielleicht nicht gleich. Sonst gerät man sehr bald in Traditionalismus, Fanatismus, Dogmatismus, in Autoritätsabhängigkeit – die alle Formen des naiven Realismus sind.

5. Die Knechtschaft

Der naive Intellektualismus, wenn er sich an den Mitteilungen des Geistesforschers betätigt, wird meistens von einem unbewussten Fühlen geleitet, das ihm die Wahrheit der Inhalte verbürgt. Er vergreift sich jedoch leicht an den Inhalten, die zu verstehen er nicht ausreicht; und dadurch wird auch das Fühlen verdorben, das ihn zunächst geführt hat. Dieses Fühlen kann nicht durch adäquates Begreifen in die Inhalte strömen; die werden deswegen bald kalt, abstrakt, tot, wie es dem Intellekt entspricht. Das erkennende Fühlen wird, weil es fehlt, oft durch Sentimentalität, den Gegensatz des Fühlens, ersetzt, durch eine sentimentale Schwärmerei (vgl. Anhang VII, S. 56). Diese sucht den «Geist» stets in solchen Gebieten, wo Nicht-Verstehen waltet, wo die Wissenschaft noch etwas zu klären hat.

Durch das inadäquate gedankliche Erkennen wird das erkennende Fühlen daran gehindert, sich zu entfalten. Zurückgewiesen, verfällt es in die egoistische Gebärde des Hochmuts, über die vermeintlichen esoterischen Inhalte zu «wissen», die nämlich für die sentimentale Schwärmerei als solche erscheinen. In Wahrheit gibt es keine esoterischen *Inhalte* (= Informationen), es kann nur esoterische *Fähigkeiten* geben. Das Einverleiben solcher Inhalte, ohne sie auf entsprechende Weise durchsichtig zu machen, führt zu weiteren Bewusstseinsschädigungen.

Eine der wichtigsten ist das Geknechtetwerden durch «Ideen», die man als Wahrheiten akzeptiert, ohne sie zu erleben, d.h. ohne sie zu verstehen, zu verwirklichen. Und Ideen höherer Art können allein durch ein in seinen Fähigkeiten erhöhtes Bewusstsein erlebt werden. «Man muss sich der Idee *erlebend* gegenüberstellen können; sonst gerät man unter ihre Knechtschaft.»[6] «Jede Idee, die dir nicht zum Ideal wird, ertötet in deiner Seele eine Kraft; jede Idee, die aber zum Ideal wird, erschafft in dir Lebenskräfte.»[7] Im Hinblick auf eine Erkenntnisidee kann das «Ideal» nur darin bestehen, dass man die Idee selbst hervorbringt bzw. sie verstehend reproduziert.

Man möchte durch das Studium geisteswissenschaftlicher Mitteilungen den eigenen beschränkten Verstand überwinden, über ihn hinaus zu neuen, besseren, höheren Erkenntnisfähigkeiten gelangen. Wie kann das vor sich gehen, wenn man dabei andauernd *nur* denselben Verstand betätigt?

Im Studium sollte sich ein Punkt bieten, wo die Bewusstseinsschulung ansetzen kann. Das Studium ist nicht als eine Gedächtnisbetätigung aufzufassen; zu «wissen», was in einer geisteswissenschaftlichen Mitteilung steht, ist eitle Illusion, denn es sind keine Informationen. Wenn hochrangige Mitteilungen «referiert» werden, d.h. durch den Verstand aufgefasst und wiedergegeben, dann ist das ihre Herunterzerrung auf eine Ebene, wo sie «entstellte Wahrheiten» sind; kein guter Dienst für die Sache, für den Referierenden und die Zuhörer. Es fällt (hoffentlich) niemandem ein, den Prolog des Johannes-Evangeliums zu «referieren». Man sündigt ehrfurchtlos gegen die Heiligkeit des Textes, indem man sie durch den Alltagsverstand behandelt.

Ein anderes Beispiel dieses Verhaltens ist der Versuch, Symbole zu erklären. Wären sie erklärbar, so wären sie keine Symbole, bzw. sie wären überflüssig. Dasselbe gilt für die «Deutung» von Märchen und Mythen. So wie ein Gedicht mit anderen Worten oder Musik durch Worte nicht wiedergegeben werden kann, so auch Märchen, Mythen und Mitteilungen aus geistiger Forschung nicht.

Steiner bezeichnet die erste Stufe des modernen Erkenntnisweges als «Studium». Dass darunter keine Ansammlung von Wissen zu verstehen ist, geht aus dem Vorangehenden hervor. Wie das Studium in seinem Sinne zu gestalten wäre, wird im Kapitel 7 versucht darzustellen.

Die Geisteswissenschaft kann nicht ohne eine Veränderung des Alltagsmenschen in Wahrheit aufgenommen werden; sie ist als Wissenschaft anders gar nicht möglich: eine Wissenschaft, die höhere Erkenntnisfähigkeiten beansprucht und anwendet. Aber es ist ihr Ziel, den Menschen zu verändern, und dazu gibt sie Methoden an.

Wird mit der Geisteswissenschaft anders umgegangen, so bedeutet das, dass man in der Praxis leugnet, was man theoretisch anerkennt; nämlich, dass es andere, höhere Bewusstseinsebenen als die alltägliche gibt (vgl. Anhang VIII, S. 57).

6. Die Versuchung

Durch die Begegnung mit der Geisteswissenschaft wird der Mensch zwei Versuchungen ausgesetzt. Beide haben ihren Grund darin, dass man die Lehre nicht als Wissenschaft des Geistes, sondern als etwas entgegennimmt, was im Zwischengebiet zwischen Religion und Wissenschaft liegt: Durch das Wahrheitsgefühl wird es in Richtung der Religion, durch die «Inhalte» in Richtung der Wissenschaft oder des Wissens verschoben. Die richtige Haltung wäre: eine adäquate Erkenntnis, die zu einer Erkenntnisreligion führt. Rudolf Steiner bezeichnet diese Haltung so:

«Was des Urmenschen Seelenverfassung in bezug auf sein Verhältnis zur Außenwelt war, das müssen wir wieder heraufholen und in Vollbewusstheit erleben. Dann werden wir eine religiöse Erkenntnis, eine Erkenntnisreligion für den modernen Menschen gewinnen.»[8] Die eine Versuchung kann als eine menschlich-allzumenschliche angesehen werden; die andere und primäre sollte man als eine spezifisch okkulte erkennen. Sie führt dazu, dass die Lehre durch den Menschen auch Widersachermächten zugänglich wird, die sich ihrer bemächtigen und die Lehre in ihr Gegenteil verkehren. Aus der revolutionären inneren Aktivität zur Freiheit wird ein frömmelndes Sich-an-die-Schrift-Halten, an die Autorität des Geistesforschers – des Einzigen –, anstatt seine Lehre durch eigene Forschung weiterzuentwickeln und zu ergänzen. Die Entstellung geschieht schon, wenn die Mitteilungen auf die Alltags- oder naturwissenschaftliche Bewusstseinsebene herabgezogen werden. Dazu bietet die Verselbstständigung der Texte, ihr Getrenntwerden von ihrer Erfahrung die Möglichkeit. Dem darin befangenen Menschen entgeht, was er damit tut: Darin zeigt sich der Versuchungscharakter; denn theoretisch könnte ein jeder wissen, dass es um Inhalte geht, die das alltägliche Bewusstsein überragen. Dass man über das Nie-Erfahrene redet, als ob man es verstehen würde und selber hervorbringen könnte, ist auf keinem anderen Gebiete möglich. Die Mächtigkeit und die gefühlte Wahrheit des Weltbildes, das einem begegnet ist, verführt zu dem Bestreben, ihm Verbreitung zu schaffen, ehe man es wirklich durchdrungen hat. Das Reden über nicht adäquat Erfasstes verhärtet die Einschlüsse, die beim unzulänglichen Entgegennehmen im Bewusstsein entstehen (vgl. Anhang IX, S. 59).

Diese okkulte Versuchung wurde in schweigsameren Zeiten und Gegenden durch die Verweigerung der Mitteilung vermieden, im Zen, in der negativen Theologie. Die Zeit aber, in der wir leben, bringt von Generation zu Generation neue geistige Fähigkeiten, die eine Lehre über das Gebiet, in das sie hineinreichen, erheischen. Ansonsten werden sie leicht verdorben und verderben den Menschen. Die Mitteilung ist deswegen notwendig; die Gefahr des Missverstehens und des Degenerierens der Lehre muss in Kauf genommen werden. Es ist der Freiheit des Menschen anvertraut, mit der Lehre umzugehen.

Die Klippe des Gebrauches der üblichen Sprache in der Mitteilung geistiger Forschungsergebnisse kann durch die besondere Anwendung der Worte überwunden werden. Sie werden in den meditativen Text so eingesetzt, dass dieser auf vielen Stufen verständlich wird: Nur darf man sich nicht mit dem Verständnis auf der des alltäglichen Bewusstseins begnügen. Die okkulte Versuchung, über Nicht-Erfahrenes zu sprechen, geht kontinuierlich in die menschlich-allzumenschliche über, in den egoistischen Gebrauch der Geisteswissenschaft. Man sucht durch sie, durch ihr Wissen Ansehen, Position, Macht oder Lebensunterhalt. Man vergisst die alte Regel im Hinblick auf die Lebensweise der Rosenkreuzer. Neben der

Pflege der geistigen Quellen hatten sie einen Beruf im Leben. Wird man nicht gewahr, dass man die Geisteswissenschaft für egoistische Zwecke missbraucht, so hat das Folgen: Man verliert die Orientierung in Bezug auf das Verhältnis von Alltagsleben und Geisteswissenschaft, verliert das Unterscheidungsvermögen in der Beurteilung, was man versteht und was man nicht versteht, bekommt die Neigung, mit den angelesenen Inhalten zu bluffen, sie in Diskussionen auf der intellektuellen Ebene zitierend als Argumente zu verwenden; die Inhalte werden, weil sie auf der Alltagsebene gebraucht werden, mit den Impulsen und Assoziationen aus dem Unterbewusstsein vermischt und auch verwechselt. Die «Arbeit» mit den «Inhalten» artet in Spekulationen, Kombinationen, Rhetorik, nominalistischen Gebrauch aus. Man nimmt die Inhalte in einer «schläfrigen Ekstase»[9] auf und verliert immer mehr das gesunde Wahrheitsgefühl, an dessen Stelle Hochmut, Überheblichkeit, Alles- und Alles-Besserwissen treten. Zugleich entsteht keine neue geistige Forschung und damit keine neuen Ergebnisse, man «lebt» aus den Mitteilungen des Begründers der Geisteswissenschaft: eine Art von geistigem Parasitismus, die nichts Neues schafft, nichts *zurückgibt* von dem Empfangenen. Wer etwas Neues zu bringen meint, wird schief angesehen: Er wird verdächtigt, die Lehre zu verfälschen. Nach außen wird man unglaubwürdig, denn es dauert nicht lange, bis aufmerksame Zuhörer das Ermangeln von eigenen Erfahrungen bemerken. Allerdings passiert es oft, dass Persönlichkeiten, die durch Anlage oder durch Erlebnisse (z.B. mit Drogen) zu einer Lockerung aus dem Organismus neigen, die «Inhalte» der Geisteswissenschaft durch ein nicht-erkennendes, halbfreies Fühlen beleben und durch Resonanz eine Anhängerschaft finden, besonders unter denen, die die Geisteswissenschaft in abstrakter Weise, in inadäquaten Begriffen «gepflegt» haben. Man kann sich und andere unter Umständen eine Zeit lang auf solche Weise täuschen. Es werden unter manchen Geheimnistuereien «esoterische» Gruppen gebildet, meistens mit Inanspruchnahme zeremoniellen, rituellen

Tuns. Die unterbewussten Neigungen werden dadurch stark angesprochen.

Das Problem, geistige Forschung zu tun *ohne* geistige Fähigkeiten, beschäftigt viele Anhänger der Geisteswissenschaft, und die «Lösungsversuche» sind zahlreich. Die wirkliche Lösung wäre, eben geistige Fähigkeiten zu erarbeiten. Denn die wirkliche, wirksame Weisheit, die des Anstrebens wert ist, ist mit den gegebenen oder gebliebenen Kräften direkt weder zu erreichen noch direkt mitteilbar. Sonst wären wir alle Weise und Eingeweihte. Denn alles wurde schon im Laufe der Jahrtausende mitgeteilt. Nur war und ist die Menschheit noch schwach, das Mitgeteilte zu verstehen. Wir erleben die Folgen. Das Übertünchen dieser Lage verfinstert die Aussicht noch mehr.

7. Das richtige Studium

Würde das Studium der Geisteswissenschaft im gewöhnlichen Sinne das Erwerben von Wissen bedeuten, so wäre es – und ist es in vielen Fällen – ein Hindernis bei der Entwicklung höherer Erkenntnisfähigkeiten: Das gewöhnliche Bewusstsein würde sich mit neuen, «okkulten» Inhalten bereichern und noch mehr an sich selber festhalten. Das Studium, das Lesen der geisteswissenschaftlichen Mitteilungen, dient zur Vorbereitung für das Erarbeiten geistiger Fähigkeiten dadurch, dass der Lesende die Unzulänglichkeit seiner alltäglichen (und wissenschaftlichen) Begriffe bemerkt und anstrebt, durch gedankliche Intuition neue, höhere Begriffe zu erfassen. Das erste Ziel ist, gerade das gewöhnliche Begriffssystem, an dem man hängt, durch das man die gewohnte Welt aufrecht hält, mit neuen Ideen aufzulockern und zu ersetzen. Die notwendigen Begriffe werden als lebendige, flüssige, nicht-fertige charakterisiert (vgl. Anhang X, S. 63).

Der aufmerksam Lesende wird bald bemerken, dass die Lektüren ihm ohne Bewusstseinsübungen größtenteils nicht zugänglich sind, weil «der gesunde Menschenverstand» ihm nicht zur Verfügung steht (vgl. Anhang XI, S. 67). Er bemerkt auch, dass die Bildersprache in den Darstellungen der geistigen Erfahrungen nicht zu *Vorstellungen* führen soll, sondern Stoff für die *Meditation* bietet. Die meditative Praxis, das meditative Lesen im Studium wird durch die Bildung höherer Begriffe eingeleitet, und diese führen nach und nach zum Üben und Ausüben des reinen Denkens. *Das* ist das Ziel des Studiums nach Steiner (vgl. Anhang XII, S. 69). «Das Studium ist nicht das Lernen, wie es gewöhnlich geschieht, sondern man muss darauf kommen, dass es für den Menschen ein Denken gibt, welches noch ein flüssiges, wirkliches Denken ist, wobei der Mensch alle sinnlichen Wahrnehmungen um sich herum ausschließt. ... Der Mensch muss lernen, alles zu vergessen, von allem abzusehen, was äußerlich auf die Sinne wirkt, ohne jedoch leeres Gefäß zu bleiben. Das ist möglich, wenn man sich in einen reinen, sinnlichkeitsfreien Gedanken vertieft, wie er in den Mitteilungen des Geistesforschers enthalten ist, und über das, was sich fortspinnt, sinnt. ... Wer höher hinauf will, muss geisteswissenschaftliche Mitteilungen so lesen. Wer nicht höher hinauf will, der kann sie wie ein gewöhnliches Buch lesen.»[10] Im letzten Fall ist das dann kein «Studium» im Sinne des ersten Schrittes auf dem Erkenntnisweg. Die nächste Stufe ist die Erwerbung der Imagination: Das setzt die Übung in der Meditation schon auf der vorangehenden, ersten Stufe des Weges voraus.

Das höhere Denken wird auch als hellsichtiges Denken bezeichnet (vgl. Anhang XIII, S. 71). Der Weg dazu geht durch das Erleben des Denkens, des Denkprozesses nämlich, der sonst überbewusst verläuft (vgl. Anhang XIV, S. 72). Es ist das imaginative Denken, das wortlos vor sich geht: Es macht die Formulierung in einer Sprache möglich[11] (vgl. Anhang XV und XVI, S. 72ff.).

Ist Anthroposophie ein Geistesweg, d.h. begegnen die Menschen einander auf einer erhöhten Ebene, dann wird die Gemeinschaftsbildung, eine der größten Fragen in jeder Gruppierung, keine Schwierigkeit, sondern eine Selbstverständlichkeit werden (vgl. Anhang XVII, S. 76).

Geisteswissenschaft soll Wissenschaft sein, kein Religionssurrogat, keine Schwärmerei, keine Ansammlung von Nichtverstandenem, Nichtverständlichem. Das ist die Forderung der Zeit. «Denn in unserer Zeit kann einer Vorstellungsart nur dann Erkenntniswert zugeschrieben werden, wenn sie ihre Anschauungen vor eben derselben Kritik zur Geltung bringen kann, vor welcher die naturwissenschaftlichen Gesetze ihre Rechtfertigung suchen.»[12] (Vgl. Anhang XVIII und XIX, S. 76ff.)

Nachwort: Über die Vermittlung der Anthroposophie

Öffentliche Mitteilungen über höhere Erkenntnisgebiete gibt es seit etwa 150 Jahren. Über die Mitteilungsformen wurde in dieser Schrift berichtet (Kap. 1). Für die schnell wechselnden Bewusstseinsanlagen – jeder Pädagoge weiß, wie geschwind sie sich in der Zeit ändern, so dass sich die Didaktik in jeweils fünf bis zehn Jahren zu erneuern hat – müssen stets neue Formen der Verständigung gefunden werden. Konnte Steiner noch für das Vernehmen seiner Bildsprache *(Theosophie, Geheimwissenschaft, Wie erlangt man Erkenntnisse der höheren Welten?)* mit einer theosophisch vorgebildeten Leserschaft rechnen, so hat die Fähigkeit, diese Sprache in ihrer Bildhaftigkeit zu nehmen, rasch abgenommen, und heute ist sie fast verschwunden. Das mag in einer etablierten anthroposophischen Umgebung vielleicht nicht so sehr auffallen; sicherlich hat es jedoch einen Einfluss darauf, dass sich die Geisteswissenschaft nur langsam verbreitet. Wo Anthroposophie in der Öffentlichkeit in ihren Anfängen vertreten ist, wird sie in ihrer bildlich-darstellenden Form sehr bald abgelehnt, weil sie wegen des Missverstehens dieser Formen Wissenschaftlichkeitsansprüche nicht befriedigen kann. Das wirkt der großen Anziehungskraft der Wahrheit entgegen, die sich in den geisteswissenschaftlichen Lehren als *Sinngebung* zeigt: Die Kosmologie, die Geschichte, das Leben des Menschen bekommt Sinn, und dies wird von jedem Menschen – besonders von Jugendlichen – mindestens eine Zeit lang brennend gesucht.

Durch die Veränderung der Bewusstseinsanlagen wird die aktuelle Methodik des Mitteilens – eigentlich auf jedem Gebiet – in Richtung der eigenen Bewusstseinserfahrungen verschoben, der aktuellen Gebärde der Bewusstseinsseele. Man muss im Vermitteln von den möglichen Erfahrungen der Zuhörerschaft oder Leserschaft ausgehen und auf diese bauen. Im gewöhnlichen Bewusstsein sind Berührungspunkte mit den geistigen, überbewussten Gebieten der Seele zu finden, im Wie des Denkens und des Wahrnehmens, im «Verstehen», im Evidenzerlebnis zum Beispiel. Aus diesen Grenzerfahrungen kann ein sicherer Weg zum Aufbauen der Geisteswissenschaft gefunden werden. Solche Ansätze sind in allen erkenntniswissenschaftlichen Werken Steiners zu finden, sie zu bieten ist ihr eigentliches Ziel. Aus ihrem Studium ergibt sich auch die Möglichkeit, sich so viel Menschenkunde zu erarbeiten, dass man um das Wie und Warum der Bewusstseinsschulung weiß. Man sollte im Studium diesen Punkt ansteuern, um es in adäquater Weise fortsetzen zu können.

Das Mitteilen ist keine sehr schwierige Aufgabe, wenn es um Informationen geht. Problematisch und sehr fraglich wird es, wenn man ein Wie – kein Was – mitteilen will; und in der Geisteswissenschaft geht es stets um ein Wie, da die geistige Welt schon in ihren untersten Schichten eine Welt des Werdens und nicht des statischen Seins ist. Ist diesbezüglich die Methode wichtig, so ist der Mitteilende noch ungleich wichtiger. Denn auf diesem Gebiet kann man auf legitime Weise nur mitteilen, was man selbst erfahren hat oder erfahren könnte: Nur das wird glaubwürdig klingen – alles andere vermag vielleicht eine Zeit lang zu faszinieren, aber bald wird die Frage der Authentizität auftauchen. Wie über Mathematik nur ein Mathematiker authentisch sprechen kann, so über Geisteswissenschaft nur jemand, der auf ihrem Gebiet Erfahrungen hat, und genau in dem Maße, wie er Erfahrungen hat. Man kann Steiner nicht vertreten ohne seine Erfahrungsmöglichkeiten; man kann nur sich selbst vertreten mit und gemäß den eigenen Erfahrungen. Alles andere ist Versuchung oder ein der Versuchung Anheimfallen. Der eigene naive Realismus – die Ansicht, dass das Gelesene ein Fertig-

Gegebenes sei – trägt zu der Versuchung und der Verbreitung des Missverstehens – und meistens der Ablehnung – der Anthroposophie bei. Daher ist zu empfehlen, das eigene Studium und das Mitteilen mit einem erkenntniswissenschaftlichen Einführen zu beginnen, das keineswegs philosophisch gehalten sein muss: Auch da gilt, auf die allgemein zugänglichen Erfahrungen zu bauen. Es kann allgemeine Erfahrung werden, was philosophisch durch einen langen Weg erreicht wird: «Wirklichkeit ist etwas, was durch das Erkennen wird.»[13]

Und weil die Wirklichkeit durch das Erkennen entsteht, jeweils und für jeden Menschen neu, ist das Erkennen im Zeitalter der menschheitlichen Mündigkeit und Selbstverantwortlichkeit, d.h. der Bewusstseinsseele, *zu pflegen*. Diese Pflege – das Ausüben der uns potentiell gegebenen Fähigkeiten – hat mehrere Bedeutungen: eine seelenhygienische oder therapeutische: dass wir an unseren nichtverwendeten Fähigkeiten und Kräften nicht erkranken oder von unseren Erkrankungen gesunden; eine sinngebende: dass wir der uns gegebenen Welt, der Natur einen Sinn geben, wie wir es mit einem Text, den wir lesen können, tun. Dadurch kann die Natur erlöst werden und die Welt aus den verinnerlichten Weisheitskräften neu entstehen, aus der Liebe des Menschen zu dem, was noch nicht ist, was durch ihn erschaffen werden kann. Eine zukunftschaffende Bedeutung ist die, dass wir mehr Intuitionen, mehr neue Ideen erhalten, ohne welche das menschliche Leben dahinsiecht.

Man kann die Frage stellen: Wie liest man, wie geht man um mit einer bildhaften Darstellung von übersinnlichen Erfahrungen? Kann ein Beispiel gegeben werden?

Wenn die «richtige» Weise des Umgangs beschreibbar wäre, so wäre die Bildlichkeit überflüssig oder hätte nur eine spielerische Bedeutung. Trotzdem soll hier auf einen Hinweis von Steiner selbst aufmerksam gemacht werden.[14] Steiner deutet nämlich an, warum im Alten Testament die Elohim beim «Verbot» über *Bäume* sprechen, den Baum des Erkennens und den des Lebens.

Das «Paradies», aus dem der Mensch vertrieben wurde, bestand aus einem Leben in der Sphäre der Pflanzen, der Bäume; der Mensch lebte noch nicht auf der «Erde», im Mineralischen, sondern in der Lebenssphäre unseres Planeten. Der «Sündenfall» ist, als äußeres Geschehen, als ein Herunterkommen in die Sphäre des Mineralischen aufzufassen (darüber spricht der Text in Gen. 3. sehr klar), was mit dem ersten «Essen» begonnen hat. Vorher hat der Mensch seine Nahrung durch Wahrnehmen, Atmen und Nahrungsaufnahme als einheitlichen Prozess bezogen.

Der *Mensch* stieg von den «Bäumen» herunter, nicht der Affe, wie es in der Evolutionstheorie heißt.

Über die spekulative Anthroposophie

Ein anspruchsvoller Text kann dem Leser am ehesten jene Erfahrung bieten, die für die Erkenntnistheorie grundlegend ist: dass nämlich der Rezipient an der jeweiligen Wirklichkeit des Textes mitgestaltet, indem er die Buchstaben, Wörter, Sätze zusammenliest und ihnen Sinn, Bedeutung – die nie in der Sinneswelt erscheinen – in sich schafft. Damit wird der Mensch ein Mitschaffender an der Wirklichkeit, deren Rohstoff ihm, auch als Ideenkeim, *gegeben* wird; was er als Gegebenes empfängt, kann jedoch nie die *volle* Wirklichkeit bedeuten.

Im Hinblick auf einen Text kann es sicherlich kein «An-Sich» geben, denn schon der Autor hat Bedeutung, Sinn in das wahrnehmbare Erscheinen für die Sinne hineingeheimnisst: er wollte etwas sagen.

Die Gestalt der Textwirklichkeit ändert sich bei jedem Lesen, weil der anspruchsvolle Text den Leser durch die geleistete Arbeit des Verstehens wandelt, ihm neue Fähigkeiten zuwachsen lässt, und dem Verwandelten sagt der Text beim nächsten Lesen etwas anderes als vorher. Dazu muss der Text Tiefe oder Höhe, Vieldeutigkeit im vertikalen Sinne haben: Man kann sich immer weiter in ihn vertiefen und immer wieder neue Bedeutungsschichten finden. Daher sind solche Texte vieldeutig und haben auch keine durchgehende Terminologie; ein und dasselbe Wort kann in verschiedenen Bedeutungen angewendet werden – jeder originelle Text hat diesen Charakter, sei es die Bibel, seien es Buddhas Reden oder ein Steiner-Text. Die vertikale Vieldeutigkeit kommt dadurch zustande, dass in meditativen Texten die meisten oder alle Wörter in ihrer *Urbedeutung* verwendet werden. Die Urbedeutung ist nicht zu erklären oder zu definieren: Sie macht es möglich, dass das Wort in sehr verschiedenen Zusammenhängen gebraucht werden kann; z.B. die Präposition «in» im räumlichen, zeitlichen oder «übertragenen» Sinne («in der Liebe»).

Solche Texte bewegen meistens nicht bloß den Intellekt – auch das erkennende Fühlen kommt überbewusst in Resonanz. Es gibt schicksalhafte Begegnungen mit Texten; die Texte der Anthroposophie scheinen angesichts der allgemeinen Erkrankung des Bewusstseins für jeden Menschen in der westlichen Kultur aktuell zu sein.

Man kann die Anthroposophie auf die verschiedensten Weisen aufnehmen, das wird durch Grade der Affinität erleichtert, durch das unmittelbare Wahrheitsgefühl gefordert; man kann sie mit dem reinen Herzen verstehen, weil sie ein Herzensbedürfnis befriedigt. Das gemüthafte Verstehen gibt auch eine Sicherheit, solange der Zauber der vertikalen Polyphonie der Worte anhält. Und er dauert so lange an, wie der Leser nicht über die Inhalte nachzudenken oder über sie zu sprechen beginnt. Dann entstehen zwei große Fragen: Wie soll man das Gelesene verarbeiten und wie darüber zu anderen Menschen sprechen?

Das Denken ist für solche Inhalte zunächst nicht präpariert; sie stammen aus geistigen Erfahrungen, werden durch einen sehr anspruchsvollen «Übersetzungs-» Vorgang[15] in die Sprache gebracht. Beim Lesen bedürfte es daher einer Rück-Übersetzung; *vollständig* geschieht diese allerdings nur in ganz seltenen Fällen. Es geht um lebendige Texte, die das erkennende Fühlen und den umgekehrten Willen[16] ansprechen – nicht um Informationen.[17] Der gewöhnliche Verstand aber, einschließlich des wissenschaftlichen Denkens, bewegt sich auf der dialektischen Ebene informativer Eindeutigkeit. Diese ist das Ideal eines wissenschaftlichen Textes. Bei meditativen Texten hingegen ist der kombinierende, spekulierende, textvergleichend philologisierende Verstand gänzlich fehl am Platz.[18]

Das Denken und Denken-Können ist verführerisch. Man kann ja *alles* denken, auch Sätze wie «Im Anfang war das Wort» versteht man, und man kann sie auch in eine andere Sprache übersetzen. Trotzdem ist klar, dass man bloß den informativen Inhalt denkt, versteht, übersetzt – das, was für ein erhöhtes Denken und Verstehen *Ausgangspunkt* sein kann. Oft hört man über hierarchische Wesen reden und diskutieren – denkt man sie wirklich? Wir können keinen einzigen fertig-geschaffenen Naturgegenstand adäquat denken, keinen Grashalm, Kieselstein, Floh – aber Erzengel, Dynameis, Cherubim: die Namen nehmen wir oft ohne Scheu in den Mund. Könnten wir sie unterscheiden, wenn sie ins Zimmer treten würden? (abgesehen von der Tatsache, dass wir tot umfallen würden). Denken ist eine vielstufige Tätigkeit und wir müssten sie auf der untersten Ebene richtig erlernen und ihre Reichweite sehen, um ihre Kraft auf höhere Stufen mitnehmen zu können: Das Meditieren wird als «gedankenkräftiges Verhalten der Seele» charakterisiert,[19] das heißt, nur die Kraft des Denkens kann in ihr gebraucht werden. All dies bewegt Steiner zu der Äußerung: «… aber wenn manches schwer zu ertragen ist – am schwersten zu ertragen für den, der die ganze menschliche Seite der übersinnlichen Erkenntnis kennt, ist es, wenn dann gewisse Menschen kommen und diese übersinnliche Erkenntnis in rein theoretische Formeln prägen.»[20]

Die Aufarbeitung des – meist gefühlsmäßig gefundenen – Schatzes sollte durch die Metamorphose des Denkens zur Erfahrung des Denkens[21] und durch dessen Reinigung geschehen: Reinigung von Emotionen, auch von positiven Vorurteilen, Reinigung von Sinneselementen und Reinigung von Vergangenheitselementen (vom Gedachten). Dies ist notwendig, um mit den Ideen des Textes in der ewigen Gegenwart bleiben zu können, und eben das wäre meditative Verarbeitung – eine Grundvoraussetzung, die jeder erfüllen muss, der über die gelesenen Inhalte sprechen können will. Die Verlockungen, verfrüht mit dem Sprechen zu beginnen, sind groß und mannigfaltig.[22] Einer der häufigsten Beweggründe ist, dass man die dem ganzen menschlichen Leben Sinn verleihende Kraft gern weitergeben möchte. Da zeigt sich aber auch die Gefahr der Verzerrung: Der meditative Text ist ebensowenig referierbar wie der Prolog des Johannes-Evangeliums. Ohne Erfahrung bleibt der Inhalt kaltes Wort. Eine Erwärmung durch subjektive Gefühle beeinträchtigt die Qualität nur noch mehr. Überzeugend kann man nur vertreten, was man selber erfahren und miterlebt hat, so dass man voll hinter jedem Wort stehen kann, das man spricht. Deswegen die schwer akzeptierbare und bei vielen so unbeliebte Mahnung: «Wer bloß als Schüler diese Dinge (Ergebnisse der Geistesforschung) bekommen hat von einem anderen Lehrer, der wird unter allen Umständen nicht guttun, die Dinge weiterzugeben! Es ist heute ratsam, dasjenige weiterzugeben, worauf man selber gekommen ist, was man selber erforscht hat. Das aber kann und muss der übrigen Menschheit dienen.»[23] Abgesehen davon, dass das Sprechen über nicht Erfahrenes für den Sprechenden selbst ein Hindernis wird auf dem Weg zur Erfahrung, weil das dialektische Bewusstsein, das man zu überwinden strebt, durch die gelesenen Inhalte vielmehr verstärkt wird, wirkt die Darstellung auf diese Weise nie überzeugend.[24] Das mag wohl die Hauptursache dafür sein, dass es so wenige Anthroposophen gibt; der vielfache Dilettantismus auf dem Gebiet der sogenannten «anthroposophischen Kunst» tut vermutlich ein Übriges. Denn Anthroposophie wäre heute eigentlich für Hunderte Millionen von Menschen zeitgemäß (Steiner äußerte sich in den zwanziger Jahren, damals suchten zwei Millionen die Anthroposophie).

Wenn man das strenge Maß, wie oben angeführt, anwendet, kann das Gefühl aufkommen: dann ist es gar nicht möglich, über Anthroposophie zu sprechen. Das ist ein Irrtum. Denn auch im Lebenswerk Steiners wurde sie stufenweise aufgebaut, und zwar vor allem auf Bewusstseinserfahrungen, die jeder im Zeitalter der Bewusstseinsseele mit einigem gutem Willen machen kann. Es sind die Grenzerfahrungen des Bewusstseins, die weiterführen.[25] So weist die *Philosophie der Freiheit* auf das Überschreiten der Grenze zwischen dem Beobachten des vergangenen Denkens zur Erfahrung des gegenwärtigen hin[26]; von den Grenzerfahrungen ist die Rede in den «Ausblicken», die Rudolf Steiner am Ende der Bücher *Die Rätsel der Philosophie* und *Vom Menschenrätsel* gibt, und im Nachwort von 1918 zu *Wie erlangt man Erkenntnisse der höheren Welten?;* in Werken wie *Die Schwelle der geistigen Welt* und *Ein Weg zur Selbsterkenntnis des Menschen* wird durch Bewusstseinserfahrungen in die Anthroposophie eingeführt.

Nur ein Naiver – das heißt einer, der die Grundgebärde der Bewusstseinsseele, das Reflektieren, vermeidet – kann blind dafür sein, dass das Erkennen, sei es nun bewusst oder unbewusst, jenes Tor ist, durch das die «Inhalte» in uns eintreten, und zwar auch bei dem, der uns zuhört. Es müsste deshalb ein adäquat vorbereitetes Tor sein. In Anbetracht der heutigen Erziehung und des heutigen Universitätsbetriebes ist keineswegs sicher, dass das Wesen der Anthroposophie auf dem Wege der theosophischen Bildsprache wirklich *ankommt,* da diese Sprache den meditativen Umgang mit den Bildern voraussetzt oder wenigstens an das Wahrheitsgefühl appelliert, das heute ganz anders wirkt als in den theosophischen Zeiten Steiners (man vergesse nicht, dass alle seine grundlegenden Werke aus dieser Zeit stammen, das heißt für Theosophen geschrieben wurden!) oder auch nur in den fünfziger oder sechziger Jahren des 20. Jahrhunderts. Dieser Weg ist heute stärker denn je verbaut und wirkt – insbesondere wenn Redner oder Schriftsteller ihn ohne entsprechende eigene Erfahrung gehen – gerade auf die Interessierten und Empfänglichen eher abschreckend.[27]

Die Lösung aller hier behandelten Fragen ist sehr einfach und zugleich ungeheuer schwer. Denn sie bedeutet eben, Erfahrungen zu haben, Geistesforschung zu betreiben, Taterkenntnis[28] anstelle von Argumentieren, eigene Forschungsergebnisse anstelle von Kombinieren Steinerscher Textstellen. Und ist es nicht auch heute ein wenig so, wie Steiner einmal über die Theosophen klagte: «Sie werden finden, ‹wie innerhalb dieser (englisch sprechenden) Geheimgesellschaften mit einer gewissen Vorliebe das Alte betont wird. Je mehr man betonen kann auf diesem Gebiete, dass irgendein

Ritus, irgendein Dogma alt ist, desto mehr – verzeihen Sie den trivialen Ausdruck – leckt man sich die Finger ab vor Wollust. Und wenn jemand irgendwie die Menschen besonders gefangen nehmen will mit irgendeiner solchen Geheimwissenschaft, so kündet er sie mindestens als eine rosenkreuzerische oder gar ägyptische an. Aber alt, irgendetwas Altes muss sein. Und das entspricht so ziemlich der Tatsache, dass in diesen Gesellschaften eigentlich unmittelbar gegenwärtig erarbeitetes Wissen nicht gepflegt wird, möchte ich sagen (– es wird ja manches gewiss auch unmittelbar erforscht, wenn auch nach den Regeln alter antiquierter Geisteswissenschaft). Im Gegenteil, man wendet sich gegen so etwas, wie es hier getrieben wird: gegen unmittelbar aus den Impulsen der Gegenwart heraus erarbeitete Geisteswissenschaft. Gegen so etwas wendet man sich mit aller Macht von dieser Seite aus …»[29]

Damit sollte keineswegs der Freipass gegeben werden für die «etwa dreißig verschiedenen okkultistischen Bewegungen» in der unmittelbaren Umgebung der Anthroposophischen Gesellschaft.[30] Wer beurteilen kann, ob ein Text wahr ist, von wem er auch stammt, wird sich in diesem Gestrüpp auskennen. Wer aber auf naivem Autoritätsglauben fußt, fällt leicht herein. Und besonders jene Menschen werden diesen Bewegungen nachlaufen, die der spekulativen Anthroposophie überdrüssig geworden sind. Sie meinen, in Zeremonien, in Ritualen und Ähnlichem das Gegengewicht gefunden zu haben. Sie scheinen vergessen zu haben, dass es auf dem Wege von dem Tiefpunkt des Lebens nach oben heute nur ein grundlegendes Ritual geben kann: die nüchterne Schulung der denkenden, wahrnehmenden, fühlenden und wollenden Aufmerksamkeit. Dieser gelten die äußeren Gebärden als Ablenkungen.

Anhang

I. Wie man bildliche Darstellungen auffassen sollte (Kap. 1, S. 15)

GA 17, Die Schwelle der geistigen Welt, Nachwort:
«Man kann, was man im Übersinnlichen schaut, wohl beschreiben durch Vorstellungen, die aus der sinnlichen Welt genommen sind. Man kann zum Beispiel sprechen davon, dass ein Wesen wie durch eine Farbenerscheinung sich offenbare. Allein, wer solche Beschreibungen des übersinnlich Wesenhaften entgegennimmt, sollte nie außer acht lassen, dass der wirkliche Geistesforscher mit der Angabe einer solchen Farbe meint: er erlebe etwas, was von ihm seelisch so erfahren wird, *wie* die Wahrnehmung der betreffenden Farbe durch das sinnliche Bewusstsein. Wer mit seiner Schilderung zum Ausdruck bringen will: er habe vor dem Bewusstsein etwas, das *gleich* ist der sinnlichen Farbe, der ist nicht ein Geistesforscher, sondern ein Visionär oder ein Halluzinierender …

Es gibt Menschen, die gerade dadurch enttäuscht sind, dass der Geistesforscher ihnen sagen muss, wenn er sich durch Vorstellungen ausspricht, die vom sinnlichen Erleben hergenommen sind, so meine er nur Veranschaulichungen des von ihm Geschauten. Denn solche Menschen streben eigentlich nicht danach, eine von der sinnlichen unterschiedene übersinnliche Welt kennen zu lernen, sondern sie wollen eine Art Doppelgänger der sinnlichen *als* übersinnliche Welt anerkennen. Diese übersinnliche soll feiner, ‹ätherischer› sein als die sinnliche; aber im übrigen soll sie nur ja nicht die

Anforderung erheben, auch durch andere Vorstellungen ergriffen werden zu müssen als die sinnliche. Wer aber wirklich der geistigen Welt sich nähern will, der muss sich auch dazu bequemen, neue Vorstellungen zu erwerben. Wer nur ein verdünntes, dunstartiges Abbild der sinnlichen Welt vorstellen will, der kann die übersinnliche nicht erfassen.» (S. auch GA 9, Theosophie, Kap. Die drei Welten, VI.)

II. Über kombinierende Verstandestätigkeit in Bezug auf das Übersinnliche (Kap. 1, S. 15)

GA 324, Naturbeobachtung, Mathematik, wissenschaftliches Experiment und Erkenntnisergebnisse vom Gesichtspunkte der Anthroposophie, 19.3.1921:

«Auf solche bloßen Analogieschlüsse gibt aber die Geisteswissenschaft, die hier gemeint ist, gar nichts, sondern eben nur auf das unmittelbare Anschauen. Daher muss immer betont werden, dass vorangehen müsse dem Sprechen über so etwas wie zum Beispiel die Erde als Organismus das Sprechen über das imaginative Vorstellen, denn nur im imaginativen Vorstellen, nicht dem kombinierenden Verstande mit seinen Analogien kann gegeben sein die Erde als ein Gesamtwesen.»

GA 145, Welche Bedeutung hat die okkulte Entwickelung des Menschen für seine Hüllen und sein Selbst? 24.3.1913:

«Man findet immer mehr und mehr, dass für die eigentlichen Angelegenheiten des höheren, des spirituellen Lebens gerade diese Klugheit, diese Gescheitheit nicht von dem allergeringsten Wert ist, obwohl man sie so viel als möglich mitbringen muss von seinem Ausgangspunkt von dem physischen Plan aus, wenn man den Weg in die höheren Welten antreten will.»

III. Über das Erinnern der Inhalte und über den «Status der Seele» (Kap. 1, S. 16)

GA 221, Erdenwissen und Himmelserkenntnis, 18.2.1923:

«Es ist ganz gleichwertig, ob Sie mit irgendeinem materialistischen Naturforscher sagen: Beuteltiere, Menschenaffen, Affenmenschen, Menschen, oder ob Sie sagen: Der Mensch besteht aus physischem Leib, Ätherleib, astralischem Leib und Ich. Es ist nur ein anderer Gedanke, aber der Status der Seele ist kein anderer. Der Status der Seele wird erst ein anderer, wenn innerlich lebendig dieses geistige Erfassen des Menschen in der Natur wird. Aber es geht nicht, wenn nicht dasselbe Gefühl, dieselbe Empfindung, derselbe Seelenstatus, die in der Liebe leben, mit der Erkenntnis mitgehen.»

GA 186, Die soziale Grundforderung unserer Zeit. In geänderter Zeitlage, 12.12.1918:

«Sie werden ja auch wirklich bemerken: mit dem Behalten, mit dem bequemen Behalten lässt sich in der wahren Geisteswissenschaft nichts machen. Man vergisst die Dinge, muss sie immer wieder pflegen; das ist aber gerade gut; das ist gerade das Richtige, dass man sich immer von neuem anstrengen muss. Derjenige nämlich, der recht fortgeschritten ist gerade in Bezug auf das geisteswissenschaftliche Gebiet, der versucht jeden Tag, die allerelementarsten Dinge sich vor Augen zu führen; die andern schämen sich, dies zu tun. In der Geisteswissenschaft soll nichts davon abhängen, dass man sich die Sache gedächtnismäßig merkt, weil ja alles darauf ankommt, dass man es im unmittelbaren Erleben der Gegenwart anfasst.»

Ebenda am 29.11.1918:

«Diese methodischen Dinge sind das Allerwichtigste auf dem Gebiete der geisteswissenschaftlichen Erkenntnis, die unserer Zeit so nottut. Was diese Geisteswissenschaft aus unserer Seele macht, das ist viel notwendiger als das abstrakte Sichbekanntmachen mit der einen oder mit der anderen Wahrheit.»

IV. Über den gesunden Menschenverstand (Kap. 2, S. 17)

GA 220, Lebendiges Naturerkennen, intellektueller Sündenfall und spirituelle Sündenerhebung, 26.1.1923:

«Das allgemeine heutige Bewusstsein ist nämlich gewissermaßen schon durch das Bewusstsein vom Sündenfall diesem selbst verfallen. Der Intellektualismus hat heute bereits den Charakter des Verfalls, und zwar eines so starken Verfalls, dass, wenn die intellektualistische Kultur so verbleibt, wie sie gegenwärtig gestaltet ist, von der Erreichung des Erdenzieles für die Menschheit gar nicht gesprochen werden kann. Notwendig ist heute zu wissen, dass in den Tiefen der Menschenseelen noch Kräfte walten, die gewissermaßen besser sind als die Bewusstseinskultur, welche bis heute Platz gegriffen hat.»

«Und ein wesentlicher Charakter des mittelalterlichen Denkens ist in das heutige Denken dadurch hereingekommen, dass man das Denken selbst eigentlich nur danach betrachtet, wie es sich auf die äußere Natur anwendet, dass man den Gedankenvorgang eigentlich gar nicht betrachtet, dass man sich gar keiner Anschauung hingibt, die auf die Betrachtung des Denkens selber geht. Vom Denken selber, in seiner inneren Lebendigkeit, nimmt man ja keine Notiz.»

Es mangelt die Gebärde der Bewusstseinsseele, durch die gerade die Bewusstseins*prozesse*, nicht nur ihre Erlebnisse, ins Auge gefasst werden.

«Aber es ist unmöglich, dass diejenige Entwickelungsströmung, die dann bei Darwin gelandet hat und die heute noch immer geltend ist in der offiziellen Wissenschaft, zur Wahrheit vordringt. Denn der missverstandene Sündenfall hat das Denken ruiniert, das Denken in Verfall gebracht. Die Sache ist eben ernster, als man heute geneigt ist zuzugeben.»

GA 154, Wie erwirbt man sich Verständnis für die geistige Welt? 12.5.1914:

«Denn versuchen wir uns einmal zum Verständnis zu bringen, wie das Verhältnis eines heutigen, von der Geisteswissenschaft nicht weiter berührten Weltbürgers, wie er eben aus den Anschauungen der Gegenwart herausgeboren wird, zur Geisteswissenschaft ist. Er hört dieses und jenes, er hört, dass da über die geistigen Welten dieses oder jenes behauptet wird. Was muss er notwendigerweise tun? Nun, der Mensch kann ja nicht anders, als dass er das, was ihm gegenüber gesagt wird, mit seinen Vorstellungen zu begreifen sucht... Nun aber hat der heutige gewöhnliche Weltbürger keine Vorstellungen, die ihm begreiflich machen können, was über die geistige Welt in der wirklichen Geisteswissenschaft gesprochen wird. Ihm fehlen zunächst die Vorstellungen, Begriffe und Ideen dazu. Er sucht das, was ihm gesagt wird, mit Ideen zu durchdringen, die er hat, die aber von ganz anderen Seiten hergenommen sind. Wie soll er also die Sache nicht missverstehen? Wie soll man überhaupt voraussetzen, dass er irgendwelches Verständnis der Sache entgegenbringen wird?»

GA 196, Geistige und soziale Wandlungen in der Menschheitsentwickelung, 18.1.1920:

«Aber, womit es am schlechtesten bestellt ist in der Gegenwart, das ist nicht etwa die übersinnliche Erfahrung; womit es am schlechtesten in der Gegenwart bestellt ist, das ist die gesunde Logik, das ist wirklich gesundes Denken, das ist vor allen Dingen auch die Kraft der Wahrhaftigkeit. In dem Augenblick, wo Unwahrhaftigkeit sich geltend macht, schmelzen die übersinnlichen Erfahrungen ab, da kommen die Menschen nicht zu einem Verständnis der übersinnlichen Erfahrungen.»

«Denn durch dasjenige, was die Menschen für das materialistische Zeitalter heute tauglich macht, verfinstern sie sich den Raum, in dem ihnen entgegentreten die übersinnlichen Welten. Die Menschen werden heute gewöhnt, so zu denken, wie nur in Gemäßheit der Funktionen des Leibes gedacht werden kann. Das wird den Menschen von Jugend auf eingewöhnt. Aber der gesunde Menschenverstand ist nicht das, was sich auf der Grundlage des Leibes entwickelt.»

GA 137, Der Mensch im Lichte von Okkultismus, Theosophie und Philosophie, 5.6.1912:

«Ein rastloses, ordentliches Denken muss verlangt werden, damit man einsehen kann, dass es keine Wahrheit gibt, die im Widerspruch steht mit dem, was Theosophie ist. Aber ein solches Denken ist, ich möchte nicht nur sagen, außerordentlich wenig vorhanden, sondern es ist sogar außerordentlich schwer zu erreichen.»

GA 152, Vorstufen zum Mysterium von Golgatha, 1.5.1913:

« … aber wenn sie [die Wahrheiten der Geisteswissenschaft] einmal entdeckt und in der gewöhnlichen normalen Sprache der menschlichen Vernunft ausgedrückt worden sind, so können sie von jeder menschlichen Seele verstanden werden, welche die Hindernisse für ein solches Verständnis aus ihrem Innern wegräumen will.»

«… wenn diese Seele nur den ganzen moralischen Mut, den sie besitzt, in sich frei machen will, so dass sie die Hindernisse, die von Ahriman herrühren, beseitigen kann.»

GA 206, Menschenwerden, Weltenseele und Weltengeist, 2. Teil, 14.8.1921:

«Wenn nur wirklich die Erfahrungen aus den entsprechenden Welten in solche erfassbare Ideen gebracht sind, dann kann man sich schon auf sie einlassen. Aber man muss sich zu dem aufschwingen, zu dem man ja keine okkulte Schulung braucht: zu dem Erfassen von Ideen.

Das können natürlich gerade die meisten Menschen heute nicht, und am wenigsten die Wissenschafter des heutigen Tages. Die sind gewöhnt, Ideen nur zu haben, wenn diese Ideen entlehnt sind der äußeren Sinneswelt. Und sie lassen sich höchstens in der Mathematik darauf ein, sonst lassen sie sich aber gar nicht ein auf das Erfassen von Ideen, die dann aus sich selbst heraus verfolgt werden. Alles, was der Geisteswissenschafter bringt, kann man verfolgen, wenn man den Willen entwickelt, sich auf solche Ideen einzulassen, und man kann eigentlich ideell alles nachprüfen. Aber man muss wollen. Dazu gehört eben … eine Überwindung dessen, was man gerade heute aufnimmt als anerkannt wissenschaftliche Denkmethoden, die durchaus nicht zusammenfallen mit dem gesunden Menschenverstand…»

Die Erkrankung des Bewusstseins in den Jahrzehnten nach dem Tod von Steiner ist so fortgeschritten, dass man heute kaum ohne Bewusstseinsübungen zunächst hygienischer Art den «gesunden Menschenverstand» herstellen kann.

GA 159, Das Geheimnis des Todes, 19.6.1915:

«Wir müssen uns klar sein, dass es nicht schon genügt, wenn wir uns vornehmen oder einreden, wir seien ganz hinaus über die Vorurteile, welche das materialistische Zeitalter gibt … in unseren Denkgewohnheiten haften sie ja so gründlich, diese materialistischen Vorurteile, und haftet besonders gründlich dasjenige, was nun nicht direkt materialistisches Vorurteil ist, was mit dem materialistischen Vorurteil aber zusammenhängt. Es hängt mit dem materialistischen Vorurteil, mit der ganzen materialistischen Weltanschauung zusammen, dass der Mensch in einer gewissen Weise kein umfassendes Denkvermögen entwickeln kann. So sehr unsere Zeit auch auf den Verstand und die Logik aus ist, so wenig ist eigentlich in unserer Zeit ein scharfer Verstand, eine scharfe Logik gerade das Eigentum derjenigen, die vielleicht an der Spitze der wissenschaftlichen oder sonst kulturellen Bestrebungen unserer Zeit gehen wollen. Die ganze Klarheit des Denkens strebt man in unserer Zeit gar nicht an.»

GA 176, Menschliche und menschheitliche Entwicklungswahrheiten. Das Karma des Materialismus, 26.6.1917:

«Aber dieser gesunde Menschenverstand, der muss heute erst unter Mühe erworben werden, der ist heute nämlich nicht da ... der muss erst wiederum erworben werden dadurch, dass man dasjenige, was frühere Zeiten atavistisch noch hatten, den Zusammenhang mit der geistigen Welt, was heute nicht atavistisch da ist, nun erst auf den Wegen, welche die Anthroposophie angibt, gewinnt.»

Da wird offensichtlich auf Übungswege hingedeutet. Was für Ansprüche in Bezug auf den gesunden Menschenverstand von Steiner gestellt werden, geht aus dem nächsten Text hervor.

GA 191, Soziales Verständnis aus geisteswissenschaftlicher Erkenntnis, 18.10.1919:

«Solange Sie den Glauben hegen, dass dasjenige, was da draußen ist [d.h. was man sieht], ein Äußeres ist, und was da drinnen ist [d.h. im Gehirnschädel], ein Inneres ist, so lange können Sie gar nicht zu dem kommen, was ich immer nenne: durch den gesunden Menschenverstand die geisteswissenschaftlichen Tatsachen einsehen; denn die geisteswissenschaftlichen Tatsachen kann man nur einsehen, wenn man zugrunde legt ein unbefangenes Anschauen.»

GA 193, Der innere Aspekt des sozialen Rätsels, 12.6.1919:

«Aber, was heißt es, sie [die Leute] verstehen es [die geisteswissenschaftlichen Mitteilungen] nicht? Es heißt nichts anderes als: Ich will mich nur des physischen Gehirns zum Verstehen bedienen, ich will nicht lernen ein anderes Denken als das, welches sich faul an das physische Gehirn anlehnen kann. Mit dem ist natürlich anthroposophische Weltanschauung nicht zu verstehen. Nicht als ob man hellsichtig sein müsste, um sie zu verstehen, aber man muss sich üben in einem solchen Denken, das nicht an das physische Gehirn gebunden ist. Und was in der anthroposophischen Literatur vorhanden ist, was mit dem gesunden Menschenverstand – und der ist nicht an das Gehirn gebunden, nur der kranke materialistische Verstand ist an das Gehirn gebunden –, was mit dem gesunden Menschenverstand erlernt werden kann, das trainiert allmählich ein solches Denken, ein solches Empfinden, ein solches Wollen, dass dieses Denken und Empfinden und Wollen den entsprechenden Ereignissen der Gegenwart gewachsen ist.»

GA 215, Die Philosophie, Kosmologie und Religion in der Anthroposophie, 7.9.1922:

«Das abstrakte Denken, das man heute allein kennt, ist mit dem Werkzeug des physischen Leibes erarbeitet. Es wird erlebt mit dem Werkzeuge des physischen Leibes, und das ist das Charakteristikon dessen, was die Menschheit in ihrer neueren Zeit, wo sie zu ihrem Vollbewusstsein aufgestiegen ist, sich errungen hat. Ein mit dem physischen Leibe errungenes Denken ist eigentlich gegenüber der geistigen Welt ein deplaziertes Denken… Dadurch lebt das Denken in einem Element, das nicht sein ureigenes Element ist.»

GA 152, Vorstufen zum Mysterium von Golgatha, 18.5.1913:

«Denken ist in jeder Seele, aber es kann in zweierlei Weise benutzt werden. Der Mensch kann es in sich selber erschaffen, kann in sich selber Gedanken prägen. Dann ist dieses Denken in seiner Aktivität, so dass es voll entgegenkommt allem, selbst den scheinbar gewagtesten Behauptungen der Geistesforschung. Wenn aber dieses Denken sich nicht erkraften will, dann muss es sich anlehnen an das Instrument des Denkens, das Gehirn, dann bringt es überhaupt nur Gedanken hervor, die mit dem Instrument des Gehirns erfasst werden, dann denkt der Mensch nicht aktiv, dann denkt er passiv.»

GA 199, Geisteswissenschaft als Erkenntnis der Grundimpulse sozialer Gestaltung, 7.8.1920:

«Diejenigen Menschen, die heute durchaus sich nur an die Sinneswelt halten wollen, finden diese anthroposophischen Gedanken verrückt, irreal, phantastisch, weil sie im Momente, wo sie diese Gedanken denken sollen, eine starke Kraft anwenden müssen; sie müssen loskommen. Sie wollen diese Gedanken mit ihrem Gehirn denken. Damit kann man aber nur die äußeren physischen Gedanken denken, das äußere Physische. Mit diesen Gedanken kann man ganz gut Atome und Moleküle denken …; aber was in einem solchen Buche wie *Die Geheimwissenschaft im Umriß* steht, das denkt sich nicht durch dieses Gehirn.»

GA 197, Gegensätze in der Menschheitsentwickelung, 21.9.1920:

«Man sagt: Diese Gedanken kann man nicht fassen, die kann man nicht begreifen. – Ja, die wollen mit dem Gehirn denken; aber diese Gedanken der Geisteswissenschaft sind mit dem Geistig-Seelischen gedacht, das sich erst losgerissen hat vom Gehirn. Daher müssen die Menschen streben, dass sie durch die Gedanken, die so entstanden sind, selber wieder losreißen ihr Geistig-Seelisches vom Gehirn, indem sie diese Gedanken nachdenken. Die Menschen müssen sich bemühen, die Gedanken nachzudenken, die heute noch bestehende Möglichkeit zu benützen, das Geistig-Seelische loszureißen von dem Materiellen des Gehirns. Denn es ist auf dem Wege, sich an das Materielle des Gehirns zu ketten… Indem die Gedanken der anthroposophisch orientierten Geisteswissenschaft der Welt übergeben werden, rechnet man darauf, dass die Menschen, die noch fähig sind, die alten Möglichkeiten des Losreißens in sich zu handhaben, sie wirklich handhaben und die leibfreien Gedanken zu verstehen suchen, damit ihre Seelen leibfrei werden.»

V. Über das reine Denken (Kap. 2, S. 17)

GA 35, Philosophie und Anthroposophie (Aufsatz mit demselben Titel):

«Man stelle sich vor, dass man sich den Begriff des Kreises bilden will. Das kann man, wenn man zum Beispiel hinausfährt aufs Meer, bis man rings um sich herum nur Wasser sieht; dann hat man sich durch die Wahrnehmung die Vorstellung eines Kreises gebildet. Es gibt aber eine andere Art, zum Begriff des Kreises zu kommen, indem man nämlich, ohne an die Sinne zu appellieren, sich folgendes sagt: Ich konstruiere mir im Geiste die Summe aller Orte, welche von einem Punkt gleich weit entfernt sind. Um diese ganz im Innern des Gedankenlebens verlaufende Konstruktion zu bilden, braucht man nicht an Äußerliches zu appellieren; das ist durchaus reines Denken im Sinne des Aristoteles, reine Aktualität.»

GA 215, Die Philosophie, Kosmologie und Religion in der Anthroposophie, 7.9.1922:

«Nimmt aber der Mensch, indem er zwischen Geburt und Tod das Scheinleben des abstrakten Denkens erlebt – des reinen Denkens, das nichts ist als Denken, aber das durch den physischen Organismus ausgeführt wird –, nimmt er in dieses Denken die moralischen Impulse herein, so leben diese im reinen Denken, das nur ein Scheinleben hat und zu nichts zwingen kann …»

VI. Über die Entstehung und den Umgang mit Mantren (Kap. 3, S. 20)

GA 322, Grenzen der Naturerkenntnis, 2.10.1920, abends:

«Die mantrische Kunst, das Leben in Sprüchen, es besteht darin, dass man nicht durch die Sprüche hindurch das Inhaltliche der Worte versteht, sondern dass man die Sprüche selbst wie ein Musikalisches erlebt, dass man die Sprüche selbst mit der eigenen Seelenkraft verbindet, dass man darinnen bleibt in den Sprüchen, dass man durch fortwährendes Wiederholen seine Seelenkraft, die in den Sprüchen lebt, verstärkt, dass man durch immer und immer fortwährendes Sich-Vorsagen dieser Sprüche seine Seelenkraft verstärkt. Diese Kunst, sie wurde nach und nach in hohem

Maße ausgebildet, und sie verwandelte jene Kraft, die wir sonst in der Seele tragen, um durch das Wort den anderen Menschen zu verstehen, sie verwandelte diese Kraft in eine andere. Es ging in der Seele eine Kraft auf an dem Hersagen und Wiederholen des mantrischen Spruches ..., die nun nicht hinüberführte zu anderen Menschen, sondern die hineinführte in die geistige Welt. Und hat man die Seele so erzogen an den Mantren, hat man es so weit gebracht, dass man innerlich verspürt das Weben und Strömen dieser Seelenkraft, die sonst unbewusst bleibt, weil alle Aufmerksamkeit auf das Verstehen des Andern durch das Wort gerichtet ist, hat man es dazu gebracht, dass man solche Kraft so fühlt als eine seelische Kraft, wie man sonst fühlt die Muskelspannung, wenn man mit dem Arm etwas ausführen will, dann hat man sich reif gemacht, zu erfassen dasjenige, was in der Kraft, in der höheren Kraft des Gedankens liegt.»

GA 218, Geistige Zusammenhänge in der Gestaltung des menschlichen Organismus, 18.11.1922:

Dieser Weg führt zu einer Art Inspiration. Das ist nicht mehr der Weg in der abendländischen Kultur: «Es ist nicht mehr das Erleben desjenigen, was im mantrischen Spruch musikalisch vorhanden ist, nach dem wir als Abendländler streben, dass wir nun nicht besonders stark verfolgen denjenigen Weg, der folgt dem Hinaustreten des Geistig-Seelischen aus dem Leibe, sondern dass wir vielmehr folgen dem Späteren, das eintritt, wenn sich wiederum bewusst verbinden soll im Ergreifen des physischen Leibes das Geistig-Seelische mit der physischen Organisation ... Das aber erlangen wir, wenn wir – ebenso wie man hinnehmen muss in die Inspiration das Ich – das Ich nun heraußen lassen, indem wir wieder untertauchen in unsere Leiblichkeit, aber nicht es etwa unbeschäftigt heraußen lassen, nicht etwa es vergessen, nicht etwa es aufgeben, es in die Unbewusstheit hinunterdrängen, sondern gerade dieses Ich verbinden mit dem reinen Denken, mit dem klaren, scharfen Denken, so dass man zuletzt das innere Erlebnis hat: Dein Ich ist ganz stark durchzogen von all dem scharfen Denken, zu dem du es zuletzt gebracht hast.»

Wenn der moderne Mensch sich auf etwas konzentriert, das er gedanklich nicht versteht, wird damit das Denken ausgeschaltet, zum Schlafen geschickt, und es kommen Assoziationen, Gefühle, Bilder aus dem Unterbewussten, danach vielleicht andere Erlebnisse, die aber nicht erkennend sind und nicht zu erkennenden Seelenzuständen führen, da eben das Denken ungepflegt geblieben ist und den Erlebnissen nicht entspricht, ihnen nicht gewachsen ist, sie nicht interpretieren kann. Wenn das Ich außerhalb des Leibes mit dem «klaren, scharfen Denken» durchzogen ist, so bedeutet das das leibfreie und lebendige Denken, in dem das höhere Ich zu Selbstbewusstsein erwachen kann. Die Meditationssätze müssen auf der untersten Ebene *verstanden* werden (sie können nicht in einer Sprache genommen werden, die dem Meditierenden unbekannt ist), um das Verstehen zu erhöhten Ebenen zu führen, wo es auch im Klang der Worte verstehend leben kann. Heute ist das keineswegs gegeben. Das gespiegelte Bewusstsein schützt die Freiheit des Menschen, indem kein Text oder Klang auf ihn *wirkt* ohne seine Zustimmung oder sein Zutun.

GA 237, Die karmischen Zusammenhänge der anthroposophischen Bewegung, 1.7.1924:

«Denn nach jener Zwischenzeit mit der Verdunkelung der Lebendigkeit im Denken, die nun da war, muss eben wiederum das Erringen des lebendigen Denkens eintreten, sonst wird die Menschheit schwach bleiben und die eigene Realität über die Realität des Denkens verlieren. Daher ist es schon notwendig, dass seit dem Eintreten unseres Weihnachts-Impulses in der anthroposophischen Bewegung rückhaltlos gesprochen werde in Form des lebendigen Denkens. Sonst kommen wir immerwährend mehr dazu, dass auch dasjenige, was da oder dorther gewusst wird, dass der Mensch physischen Leib, Ätherleib, Astralleib hat, nur in den Formen des toten Denkens erfasst wird. Aber das darf nicht mit den Formen des toten Denkens erfasst werden, denn dann ist es eigentlich eine entstellte Wahrheit, nicht die Wahrheit selber.»

VII. Über Schwärmerei und Mystizismus (Kap. 5, S. 24)

GA 178, Individuelle Geistwesen und ihr Wirken in der Seele des Menschen, 11.11.1917:

«... denn nichts liebt die noch immer selbst auf solchem Gebiete vom Materialismus angekränkelte Betrachtungsweise der Gegenwart mehr, als ein unklares, mystisches Herumschwimmen in allerlei nicht ausgeführten Begriffen.»

GA 177, Die spirituellen Hintergründe der äußeren Welt. Der Sturz der Geister der Finsternis, 1.10.1917:

«Man kann es ja erleben, dass gerade bei geisteswissenschaftlichen Vorträgen, manchmal auch bei pseudogeisteswissenschaftlichen Vorträgen, Leute in einer schläfrigen Ekstase zuhören wollen, sich eigentlich gar nicht besonders für den Inhalt interessieren, sondern mehr für das Wollustgefühl, das durch das Heraustreten des Ätherleibes und astralischen Leibes bewirkt wird, ‹hingegeben warm› zuhören. Für andere Lebensverhältnisse kann dieses ‹hingegeben warm› sehr gut sein – für die Eröffnung des Verhältnisses gewisser geistiger Dinge ist es nichts nutz!»

Die Ausbildung der höheren Erkenntnisfähigkeiten erfordert geradezu eine mathematische Exaktheit:
GA 78, Anthroposophie, ihre Erkenntniswurzeln und Lebensfrüchte, 3.9.1921:

«Sie [die von Steiner gegebenen Regeln] zielen darauf, dass alles, was derjenige ausführt, der sich bestrebt, ein höheres Erkenntnisvermögen auszubilden, mit einer solchen inneren Klarheit ausgeführt werden muss, wie man sie hat, wenn man mathematische Vorstellungen ausbildet. Das Bewusstsein muss die Verfassung haben, die es beim Geometrisieren hat, wenn es sich hineinlebt in all das, was notwendig ist, um die Imagination und auch die folgenden Stufen der übersinnlichen Erkenntnis, die Inspiration und Intuition, auszubilden... Es darf dasjenige, was hinführen soll zur Imagination, nicht mit herabgestimmtem Bewusstsein angestrebt werden; denn indem man dasjenige, was rein seelisch-geistig mit mathematischer Klarheit angestrebt werden muss, traumhaft, mystisch, verworren, verdunkelt anstreben würde, könnte man nicht aufsteigen zu höheren Erkenntnissen...»

GA 84, Was wollte das Goetheanum und was soll die Anthroposophie? 9.4.1923:

«Alles, was ich Ihnen schildere, muss sich bei den Seelenübungen, auf die ich hinziele, so ausführen lassen, wie der Mathematiker seine Probleme ausführt. So dass der Mensch mit voller Besonnenheit das alles ausführt, dass nichts von irgendwelcher falschen Mystik, von Träumerei oder gar von Suggestion oder dergleichen darinnen ist. Mit derselben, ich möchte sagen, nüchternen Kälte – denn die Wärme und der Enthusiasmus kommen durch das, was man dann sieht, nicht durch die Methode –, mit derselben nüchternen Kälte, mit der man geometrische Probleme löst, muss man in der Seele seine Übungen anstellen.»

VIII. Über das «Erläutern» der «Inhalte» (Kap. 5, S. 26)

Steiner hat sich gegen alles Festhalten der von ihm gegebenen Bilder und «Inhalte» gewehrt; er meinte es wirklich so, wie es der Grundgebärde der Waldorf-Pädagogik entspricht: etwas Unfertiges zu bieten, das durch den Empfangenden ergänzt werden muss, wie die grob ausgeführte Puppe die Phantasie des Kindes anfacht. Er hat im Umgehen mit seinen Werken bei anderen oft das Gegenteilige erlebt. In solchen Fällen war er tolerant, ohne das Vorgehen zu bejahen. So spricht er am *4.2.1923 (GA 221, Erdenwissen und Himmelserkenntnis)* auf diese Weise:

«Es ist ganz merkwürdig, was für Ideen entstehen gerade an der Hand der anthroposophischen Bücher. Ich begreife diese Ideen, widerspreche ihnen oftmals nicht, weil sie für den Einzelnen ihren Wert haben; aber nehmen wir z.B. die *Geheimwissenschaft*. Es sind Leute gekommen, die meinen, für diese *Geheimwissenschaft* von mir etwas tun zu können, wenn sie die ganze *Geheimwissenschaft* malen, so dass sie in Bildern vor den Leuten stehen würde. Es ist diese Sehnsucht entstanden. Es sind sogar Proben davon geliefert worden. Ich habe nichts dagegen, wenn diese Proben gut sind, so kann man sie sogar bewundern, es ist ja ganz schön, solche Dinge zu machen. Aber aus welcher Sehnsucht gehen sie hervor? Sie gehen aus der Sehnsucht hervor, das Wichtigste, was an der *Geheimwissenschaft* entwickelt wird, wegzunehmen und vor den Menschen Bilder hinzustellen, die wieder Bretter sind. Denn worauf es ankommt, das ist – so wie unsere Sprache und wie das scheußliche Schreiben geworden ist, dieses furchtbare Schreiben oder gar das Druckenlassen –, das nun zu nehmen, wie es einmal ist, sich nicht auflehnen gegen das, was die Zivilisation gebracht hat, und das so zu nehmen, dass der Leser es auch sogleich überwinden kann, dass er sogleich herauskommt und nun die ganzen Bilder sich selber macht, die eingeflossen sind in die scheußliche Tinte, sie sich also selber erschafft. Je individueller jeder selber diese Bilder erschafft, desto besser ist es. Wenn das ihm ein anderer vorwegnimmt, so vermauert er ihm ja wiederum die Welt. Ich will ja nicht eine Philippika halten gegen die malerische Ausgestaltung dessen, was in der *Geheimwissenschaft* in Imaginationen dargestellt ist, selbstverständlich nicht, aber ich möchte nur auf das hinweisen, was als erlebendes Aufnehmen dieser Sache im Grunde genommen für jeden notwendig ist.»

Vorangehend heißt es:

«Es [das erste Kapitel des Buches *Von Seelenrätseln*] ist nicht mit der Feder geschrieben, sondern es ist geschrieben mit seelischen Spaten, welche die Bretter, die die Welt verschlagen, niederreißen möchten, das heißt, die Grenzen der Naturerkenntnis beseitigen möchten, aber beseitigen möchten durch innere Seelenarbeit. Also es muss mitgearbeitet werden in seelischer Betätigung bei dem Lesen eines solchen Kapitels.»

IX. Über die Versuchung (Kap. 6, S. 28)

GA 197, Gegensätze in der Menschheitsentwickelung, 24.6.1920:

«Dasjenige, wozu Anthroposophie geführt hat [die verschiedenen Anwendungen, Waldorfschule, die soziale Dreigliederungsbewegung usw.], das wird gelingen. Aber wenn in gewissen Dingen nicht Änderungen eintreten, dann wird es die ursprüngliche geistige Bewegung auffressen, und dann würde man durch den Willen der sogenannten Träger dieser geistigen Bewegung einen neuen Materialismus haben, indem eben die geistige Bewegung, die zugrunde liegt, zum Abtreiben gebracht worden ist. Der Geist will gepflegt sein, wenn er nicht zum Absterben kommen soll. Und der Materialismus besteht nicht durch sich selbst etwa, den Materialismus kann man nicht begründen, geradesowenig wie man einen Leichnam macht. Ein Leichnam entsteht, wenn der Organismus von der Seele verlassen wird. So auch kann alles dasjenige, was hier aus geistigen Grundlagen, aus Beseeltem heraus geschaffen wird, ein bloß Materielles werden, wenn nicht die Neigung dazu da ist, das Geistige nun wirklich zu pflegen.»

Ebenda am 25.7.1920:

«Sie sehen, es genügt nicht, dass man heute sogenannte Weltanschauungen, die herumnebeln, rektifiziert, korrigiert, sondern es handelt sich tatsächlich, wenn man Geisteswissenschafter werden will, darum, dass man an sich einen realen Prozess vollzieht und sich nicht begnügt mit etwas Intellektuellem oder Verstandesmäßigen oder Theoretischen.»

Die Realität des Geistes hat nichts mit dem Inhalt zu tun:
Ebenda am 30.7.1920:

«Es ist viel wichtiger für den Gesamteffekt der Weltevolution, dass ein genialer Materialist da ist, der den Materialismus genial vertritt – dazu gehört Geist, und manchmal gehört sehr wenig Geist dazu, um platte Mystik zu vertreten. Der platte Mystiker kann unter Umständen viel mehr zur Vermaterialisierung der Welt beitragen als der geniale Materialist. Auf die Qualitäten des Geistigen kommt es an. Darauf, dass dies erkannt wird, wird es viel mehr ankommen als auf den Inhalt. Das ist das, was gelernt werden muss; denn wir wollen nicht den Geist anstreben als ein logisches System, sondern in seiner Realität, und da frage ich Sie: Können Sie sich nicht vorstellen, dass Geist lebt in dem geistvollen Materialisten, mehr als in dem platten Spiritualisten? Diese Dinge, die müssen von der anthroposophisch orientierten Geisteswissenschaft eingesehen und durchschaut werden; denn auf die Realität des Geistes kommt es an, nicht auf die abstrakte Behauptung des einen oder des andern. Das verkennt man gerade, wie sehr es wirklich ankommt auf Realitäten und nicht auf Theorien!»

Nicht Theorien, sondern geistige Taten, das Verändern des Denkens in seinem Gegebensein, in seinem Angelehntsein an das Gehirn: darum geht es.

Nochmals aus GA 197, 30.7.1920:

«Es ist einfach der abendländische Mensch auf dem Wege, ein Wesen zu werden, das nur noch mit dem physischen Gehirn denkt ... die Menschen haben sich nun gewöhnt, bloß mit dem Gehirn zu denken; das ist die heute übliche Denkweise. Alles, was in unserer gewöhnlichen Literatur, in unserer ganzen modernen Wissenschaft liegt, ist materielles Denken, ist solches Denken...»

«Also es handelt sich nicht um die Ersetzung einer alten Erkenntnis durch eine neue, sondern darum, Taterkenntnis zu gewinnen, durch welche die Seele bewahrt wird vor dem Hineinsegeln in die bloße Materialität, vor dem Hineinsegeln des Geistig-Seelischen – wodurch das Ich aufgehoben würde – in das Ahrimanische. Also nicht darum handelt es sich, den Materialismus zu widerlegen, sondern darum, die Menschheit zu bewahren davor, dass der Materialismus richtig werde; denn er ist auf dem Wege, eine Richtigkeit, nicht eine Falschheit zu sein ... Nicht darum handelt es sich, den Materialismus zu widerlegen; denn er ist auf dem Marsche, richtig zu werden, sondern darum, ihn unrichtig zu machen, weil er auf dem Wege ist, eine Tatsache zu werden, weil er nicht eine falsche Theorie bloß ist... Wir haben diesen Materialismus nicht zu überwinden, weil er falsch ist, durch das Wort, das Theorie bleibt, sondern weil er richtig ist und weil wir gerade bekämpfen müssen, dass er als Richtiges dasteht. Da bekommen die Dinge ein anderes Gesicht, da aber steht man in der Realität der geistigen Welt darin nicht mit Theorien, sondern mit einer Erkenntnis, die im kosmischen Zusammenhang eine Tat ist.»

GA 198, Heilfaktoren für den sozialen Organismus, 4.7.1920:

«Denn die Aufgabe ist nicht heute, eine theoretische Anschauung zu überwinden, die Aufgabe ist heute, die Tatsache, dass die menschliche Seele in Abhängigkeit gekommen ist vom Leibe, zu überwinden. Die Aufgabe ist heute nicht, zu widerlegen den Materialismus, sondern die Aufgabe ist, heute jene Arbeit, jene geistig-seelische Arbeit zu verrichten, welche die Seele wiederum loslöst aus den Banden des Materiellen.»

Die Gefährlichkeit einer rhetorischen, intellektuellen oder spekulativen Anthroposophie wird hier auf drastische Weise dargestellt.

GA 221, Erdenwissen und Himmelserkenntnis, 4.2.1923:

«Wenn also irgendwo heute eine Widerlegung irgendeines anthroposophischen Kapitels erscheint und dann eine mit denselben Mitteln wie die Widerlegung erschienene geschriebene Verteidigung da ist, dann ist dadurch gar nichts getan, eigentlich wirklich gar nichts getan, denn man redet hinüber und herüber mit derselben Denkweise. Darauf kommt es gar nicht an, sondern es kommt darauf an, dass von einem neuen Leben die Anthroposophie getragen werde.»

GA 257, Anthroposophische Gemeinschaftsbildung, 27.2.1923:

«Ist es denn Wahrheit, wenn wir von der übersinnlichen Welt reden und nicht imstande sind, uns aufzuschwingen zum Erfassen solcher realer Geistigkeit, solches umgekehrten Kultus? Erst dann stehen wir wirklich im Ergreifen, im Erfassen des Spirituellen drinnen, wenn wir nicht nur die Idee dieses Spirituellen abstrakt haben und etwa sie theoretisch wiedergeben können, auch für uns selbst theoretisch wiedergeben können, sondern wenn wir glauben können, aber glauben auf Grundlage eines beweisenden Glaubens, dass Geister im geistigen Erfassen geistige Gemeinschaft mit uns haben. Sie können nicht durch äußere Einrichtungen die anthroposophische Gemeinschaftsbildung hervorrufen. Sie müssen sie hervorrufen aus den tiefsten Quellen des menschlichen Bewusstseins selbst.»

GA 127, Die Mission der neuen Geistesoffenbarung, 5.6.1911:

«Besser ist es, ehrlich zu irren, als unehrlich Dogmen anzuhängen.»

X. Über die neuen Begriffe (Kap. 7, S. 31)

GA 154, Wie erwirbt man sich Verständnis für die geistige Welt? 12.5.1914:

«Wir reden z.B. von Wesenheiten der höheren Hierarchien ... Wir reden von den Seelen der Verstorbenen ... Aber wir müssen uns gleichsam auf Schritt und Tritt klarmachen, dass man mit Begriffen, die sozusagen heute in der Welt aufgelesen sind, nicht von diesen Dingen sprechen kann, oder wenigstens dann nur zu Missverständnissen kommen kann.»

GA 17, Die Schwelle der geistigen Welt, Kap. Von dem Erkennen der geistigen Welt:

«Die Einsicht in die Ergebnisse der Geisteswissenschaft wird erleichtert, wenn man im gewöhnlichen Seelenleben dasjenige ins Auge fasst, was Begriffe gibt, die sich so erweitern und umbilden lassen, dass sie allmählich an die Vorgänge und Wesenheiten der geistigen Welt heranreichen. Wählt man nicht mit Geduld diesen Weg, so wird man leicht versucht sein, die geistige Welt viel zu ähnlich der physischen oder sinnlichen vorzustellen. Ja man wird ohne diesen Weg nicht einmal dies zustande bringen, eine zutreffende Vorstellung von dem Geistigen selbst und seinem Verhältnisse zum Menschen sich zu bilden.»

Es wird hier auf die Bewusstseinsprozesse und besonders auf die Erkenntnisprozesse hingewiesen; als Beispiel folgt die Besprechung der Erinnerung.

GA 257, Anthroposophische Gemeinschaftsbildung, 3.3.1923:

«... man kann solch ein Buch, wie z.B. meine *Theosophie*, auf zweifache Weise lesen. Man kann so lesen, dass man da liest: Der Mensch besteht aus physischem Leib, Ätherleib, Astralleib usw.; der Mensch hat wiederholte Erdenleben, Karma, das heißt, man nimmt Begriffe auf. Gewiss, das sind andere Begriffe als auf einem anderen

Felde, aber der geistige Prozess, der sich abspielt, ist unter Umständen genau derselbe, wie wenn man ein Kochbuch liest; denn gerade das habe ich ja oft gesagt: Es handelt sich um den geistigen Prozess, nicht um die Aufnahme von Ideen. Es ist ganz einerlei, ob Sie lesen, Sie sollen Butter ausgießen in eine Pfanne, Mehl hineintun, das durcheinanderrühren, Eier hineinschlagen, oder ob Sie lesen: da gibt es physischen Stoff, ätherische Kräfte, astralische Kräfte, die sind da durcheinandergemischt. Es ist ganz einerlei als Seelenprozess, ob Sie Butter, Fett, Eier, Mehl auf irgendeinem Kochherde zusammengemischt haben, oder ob Sie für die Menschenwesenheit physischen Leib, Ätherleib, Astralleib zusammengemischt sich vorstellen.

Man kann aber auch die *Theosophie* so lesen, dass man weiß: Da drinnen sind Begriffe enthalten, die sich zu der gewöhnlichen Begriffswelt des Physischen so verhalten, wie die Begriffswelt des Physischen zur Traumwelt. Sie gehören einer Welt an, in die man ebenso aus der gewöhnlichen physischen hinein erwachen muss, wie man aus der Traumwelt in die physische Welt erwacht.»

GA 163, Zufall, Notwendigkeit und Vorsehung, 6.9.1915:

«Wenn wir auch an die geistige Welt heranwollen, dann haben wir das Bedürfnis, die Sehnsucht zumeist, diese geistigen Welten recht ähnlich den physischen Welten zu finden, sie wenigstens so charakterisieren zu können, dass wir auskommen mit den Vorstellungen, die wir uns in der physischen Welt angewöhnt haben. Aber ich habe schon oft darauf aufmerksam gemacht, dass die Vorstellungen, die wir aus der physischen Welt aufnehmen, zur Charakteristik der geistigen Welten eben doch nicht ausreichen.»

GA 316, Meditative Betrachtungen und Anleitungen zur Vertiefung der Heilkunst, 9.1.1924:

«Denn wenn der Mensch seine gewöhnliche Sinnesanschauung mit Gedanken durchsetzt, wie er sie hat im gewöhnlichen Leben und sie mitträgt in die geistige Welt jenseits der Schwelle hinein, dann ruft er vor seinem geistigen Auge dadurch, dass er die Dinge jenseits der Schwelle so beurteilt, wie man die Dinge hier betrachtet, hier beurteilt, ein Blendwerk, ein richtiges Blendwerk hervor. Und deshalb ist jene geistige Wesenheit an der Schwelle, von der wir lernen können, dass wir ganz andere Begriffe brauchen, wenn wir die Schwelle übertreten, dass uns eben Blendwerk lähmt für das Leben, wenn wir mit unseren gewöhnlichen, aus der Sinneswelt entnommenen Begriffen in die geistige Welt hinüberkommen. Dieser Hüter der Schwelle ist eigentlich der Mahner, dass wir uns erst die Ideen verschaffen, die wir in der geistigen Welt brauchen. Man glaubt gewöhnlich nicht, dass die Begriffe, die in der geistigen Welt etwas taugen, ja außerordentlich verschieden sind von den Begriffen, die hier in der physischen Welt etwas taugen.»

Die notwendigen Begriffe werden wie folgt charakterisiert:
GA 183, Die Wissenschaft vom Werden des Menschen, 24.8.1918:
«... die Begriffe, die notwendig sind, um die wahre Wirklichkeit des Menschen wieder zu erfassen und damit die wahre Wirklichkeit der Welt einigermaßen zu begreifen, diese Begriffe müssen flüssig sein, diese Begriffe dürfen nicht scharf konturiert sein, denn die Wirklichkeit ist nichts Starres, sondern etwas Werdendes. Und wollen wir mit unseren Begriffen und Ideen die Wirklichkeit erfassen, so müssen wir mit unseren Begriffen dem Fluss, dem Werden der Wirklichkeit nachschreiten.»

GA 179, Geschichtliche Notwendigkeit und Freiheit. Schicksalseinwirkungen aus der Welt der Toten, 15.12.1917:
«Krankt ja sogar der Mensch vielfach daran, sich auch dasjenige, was in der geistigen Welt enthalten ist, möglichst räumlich zu denken – wenn auch nebulos, wenn auch dünn und nebelhaft –, aber er möchte es doch irgendwie sich räumlich denken: räumlich herumfliegende Seelen und dergleichen möchte er sich denken.

Man muss über die Begriffe von Raum und Zeit hinausgehen zu komplizierteren Begriffen, wenn man in diese Dinge wirklich eindringen will.»

GA 219, Das Verhältnis der Sternenwelt zum Menschen und des Menschen zur Sternenwelt. Die geistige Kommunion der Menschheit, 17.12.1922:

«Aber auf der anderen Seite erstreben wir mit dem, was wir die anthroposophische Geisteswissenschaft nennen, ein Herauskommen aus dem Räumlichen. Wir kommen allerdings dem räumlichen Sehnen entgegen, indem wir das Geistige versinnlichen. Das kann schon sein, nicht wahr, um zu Hilfe zu kommen dem Vorstellungsvermögen. Allein wir müssen uns doch immer bewusst bleiben, dass dieses nur ein Versinnlichen ist, und dass eigentlich das, worauf es ankommt, ein Streben ist, wenigstens ein Streben sein müsste, aus dem Räumlichen herauszukommen... Wir streben in das Zeitliche und auch in das Überzeitliche hinein, in das, was aus dem Sinnlichen überhaupt herausführt.»

GA 199, Geisteswissenschaft als Erkenntnis der Grundimpulse sozialer Gestaltung, 20.8.1920:

«Aber man muss sich bemühen, um das Geistige zu denken, den Raum selber in seinem Denken zu überwinden. Sonst werden wir niemals in das wirkliche Geistige hineinkommen und werden vor allen Dingen niemals auch nur zu einer annähernd richtigen Naturwissenschaft kommen, geschweige denn zu einer Geisteswissenschaft.»

GA 176, Menschliche und menschheitliche Entwicklungswahrheiten. Das Karma des Materialismus, 24.7.1917:

«Geisteswissenschaft setzt an die Stelle fertiger Begriffe, fertiger Vorstellungen etwas, was in immer neuen und neuen Verarbeitungen von der Seele durchgemacht werden muss, womit die Seele immer von neuem und neuem zusammen sein muss. Äußere Wahrheiten, wie sie uns die Naturwissenschaft gibt, wenn wir ein gutes Gedächtnis haben, wir bekommen sie, und wir haben sie dann. Denn naturwissenschaftliche Wahrheiten werden in Begriffen gegeben, die gewissermaßen tot sind; die Naturgesetze als Begriffe sind tot. Geisteswissenschaftliche Wahrheiten müssen in lebendigen Begriffen gegeben werden. Wenn wir sie aber zu toten Begriffen verurteilen, die geisteswissenschaftlichen Wahrheiten, d.h. wenn wir sie so hinnehmen wollen, wie wir die natürlichen Wahrheiten hinnehmen, dann sind sie für die Seele keine Speise, dann sind sie für die Seele Steine, die nicht verarbeitet werden können... Das ist gewiss etwas, was an Geisteswissenschaft viele auch wiederum unbefriedigt sein lässt, weil sie etwas Fertiges gerne haben wollen. Während Geisteswissenschaft nur geben kann eine Anleitung zum ‹Essen des Geistigen›, möchte man fertige Nahrung haben...

Vieles von dem, was ... an Krankhaftigkeit in unserer Seele lebt, wird seine Heilung nur dadurch erfahren können, dass man Interesse gewinnt für das lebendige Leben mit der Wahrheit, nicht die Gier entwickelt nach fertigen Wahrheiten. Klar umrissene Wahrheiten aber, dasjenige, was man in fertigen Begriffen ausspricht, bezieht sich immer auf ein *Vergangenes.* In irgendeiner Weise ist dasjenige, was in fertige Begriffe geprägt wird, immer auf ein Vergangenes bezüglich.»

XI. Über die Anfangsschritte (Kap. 7, S. 31)

GA 231, Der übersinnliche Mensch, anthroposophisch erfasst, 16.11.1923:
«Ich schildere dies ... um ... darauf aufmerksam zu machen, dass die Früchte der hier gemeinten Geisteswissenschaft nicht allein davon abhängen, dass man sie selber produziert. Hat man auf irgendeinem Gebiete etwas produziert, so kennt man eben das Produzieren. Und dazu kann jeder kommen, wenn er nur

einigermaßen das ins Auge fasst, was ich z.B. in meinem Buche *Wie erlangt man Erkenntnisse der höheren Welten?* geschildert habe als Seelenübungen, Meditation und Konzentration usw. Wenn er dann dadurch die innere Seelentätigkeit auch nur für einige Schritte erfasst, die ins Leben hineinführen, dann öffnet er sich damit das Herz für das, was von den dazu berufenen Geistesforschern empfangen werden kann. Und dann wird die empfangene Geistesgabe das, was sich tief mit dem Persönlichen des Menschen verbinden kann, weil sie zu dem Persönlichen des Menschen spricht. Dann kommt der Mensch mit dem Persönlichen an die Quellen jenes Lebens, aus dem das Ewige in seiner Wesenheit heraus stammt.»

GA 221, Erdenwissen und Himmelserkenntnis, 3.2.1923:
«Wenn man Anthroposoph werden will in der Art, dass man die anthroposophischen Gedanken aufnimmt und dann nicht einfach passiv sich ihnen hingibt, sondern durch einen starken Willen dasjenige, was man während jeder Nacht im traumlosen Schlafe ist, hineingießt in die Gedanken, in die reinen Gedanken der Anthroposophie, dann hat man die erste Stufe desjenigen erklommen, was man heute berechtigt ist, Hellsehen zu nennen, dann lebt man hellsichtig in den Gedanken der Anthroposophie... Wollen Sie dasjenige, was in den Worten eines wirklichen anthroposophischen Buches liegt, so werden Sie durch dieses Wollen wenigstens gedankenhaft unmittelbar hellsichtig...

Wir müssen eben dazu kommen, zu dem bloßen passiven intellektualistischen Erleben der anthroposophischen Wahrheiten das Aufgehen mit unserem ganzen Menschen in diesen anthroposophischen Wahrheiten zu finden. Dann wird dasjenige, was anthroposophische Verkündigung ist, nicht in der lendenlahmen Weise auftreten, dass man immer nur sagt: Von geisteswissenschaftlicher Seite wird uns versichert –, sondern dann wird man die anthroposophischen Wahrheiten als sein eigenes Erleben verkündigen können, wenigstens zunächst für das, was dem Menschen am allernächsten liegt, z.B. für das medizinische Gebiet ... für das Gebiet der äußeren Wissenschaften oder des äußeren sozialen Lebens. Wenn auch nicht die Gebiete der höheren Hierarchien auf dieser ersten Stufe des Hellsehens zugänglich werden, aber das, was als Geist in unserer unmittelbaren Umgebung ist, das kann auf diese Weise auch wirklich Gegenstand der menschlichen Seelenverfassung der Gegenwart sein. Und vom Willen hängt es ab im umfassendsten Sinne, ob in unserer Anthroposophischen Gesellschaft Menschen auftreten, die Zeugnis dafür ablegen können, ein gültiges Zeugnis, weil es unmittelbar empfunden wird, als lebendiger Quell der Wahrheit empfunden wird, ein gültiges lebendiges Zeugnis für die innere Wahrheit des Anthroposophischen.»

XII. Über das Studium als Weg zum reinen Denken (Kap. 7, S. 31)

GA 97, Das christliche Mysterium, 30.11.1906:

«Das Studium erfordert, dass der Schüler die Geduld hat, gewisse Begriffe über die Welt zu gewinnen... Es ist eine gewisse Trainierung des Denkens erforderlich, eine Angewöhnung, im reinen Element des Denkens zu leben und zu weben. Für die, welche die rosenkreuzerische Einweihung erlangen und den Geist trainieren wollen, sind solche Bücher geschrieben wie *Die Philosophie der Freiheit* und *Wahrheit und Wissenschaft.* Es kommt darauf an, die für manche unendlichen Schwierigkeiten zu überwinden, den Gedanken zu verfolgen und zu erkennen, wie ein Gedanke sich aus dem andern mit Notwendigkeit herausspinnt.»

Ebenda am 16.2.1907:

«Das Studium, das heute an die Menschen herangebracht wird, welches von dem Sinnenfälligen der Welt wegführt, besteht in einer

Schulung der Gedanken. Diese haben dann nichts zu tun mit dem, was uns in der Sinnlichkeit umgibt.»

GA 55, Die Erkenntnis des Übersinnlichen in unserer Zeit und deren Bedeutung für das heutige Leben, 14.3.1907:

«Hier [im Studium] handelt es sich aber um ein Denken, das sinnlichkeitsfrei geworden ist… Dieses Denken nennt man in der Geisteswissenschaft und auch im Rosenkreuzertum das sich selbst erzeugende Denken.»

GA 56, Vor dem Tore der Theosophie, 4.9.1906:

«Beim Studium kommt es nicht so sehr auf das Was als auf das Wie an. Durch die großen Wahrheiten, wie z.B. die Planetengesetze, schaffen wir uns große Denklinien an, und das ist das Wesentliche an der Sache.»

GA 99, Die Theosophie des Rosenkreuzers, 6.6.1907:

«Das Studium im Rosenkreuzer-Sinne ist das Sich-vertiefen-Können in einen solchen Gedankeninhalt, der nicht der physischen Wirklichkeit, sondern der den höheren Welten entnommen ist; das, was man das Leben in reinen Gedanken nennt…»

Viele Menschen «möchten sich lieber schöne Gefühle aneignen, ernsthaft studieren wollen sie nicht. Doch wenn man sich auch noch so viele schöne Gefühle aneignet in der Seele, es ist unmöglich, dadurch allein in die höheren Welten hinaufzukommen. Nicht Gefühle will die Rosenkreuzer-Theosophie erregen, sondern durch die gewaltigen Tatsachen der geistigen Welten die Gefühle selbst antönen lassen. Als eine Art von Schamlosigkeit empfindet es der Rosenkreuzer, wenn er auf die Menschen losstürmt mit Gefühlen. Er führt sie hinein in den Werdegang der Menschheit in der Voraussetzung, dass die Gefühle dann von selbst entstehen. Er lässt vor ihnen erstehen den wandelnden Planeten im Weltenraume, und wenn die Seele diese Tatsachen erlebt, dann soll sie mächtig ergriffen werden in ihren Gefühlen. Es ist nur eine Herumrederei, wenn man sagt, man solle sich direkt an das Gefühl wenden. Das ist nur eine Bequemlichkeit.»

GA 56, Die Erkenntnis der Seele und des Geistes, 28.11.1907:
«Niemand sollte das Fühlen ausbilden, bevor er das sinnlichkeitsfreie Denken nicht bis zu einer gewissen Stufe gebracht hat.»

XIII. Über aktives, hellseherisches Denken (Kap. 7, S. 32)

GA 152, Vorstufen zum Mysterium von Golgatha, 7.3.1914:
«Und indem wir mittendrin stehen in der fünften nachatlantischen Periode, indem wir Geisteswissenschaft pflegen und immer mehr und mehr zum Verständnis des lebendigen Gedankens, des hellseherisch werdenden Denkens beizutragen haben, haben wir zugleich die sechste nachatlantische Periode vorzubereiten.»

GA 26, Anthroposophische Leitsätze, 30.8.1924:
«Von dieser Tatsache, dass die Ideen des Menschen nicht nur ‹denkend› bleiben, sondern im Denken ‹sehend› werden, hängt unermesslich viel ab.»

GA 188, Der Goetheanismus, ein Umwandlungsimpulse und Auferstehungsgedanke, 5.1.1919:
«Das Denken, nicht die Gedanken, das muss aktiv werden. Dieses Aktivwerden des Denkens, das kommt von dem Hereinspielen der geistigen Welt. Und Sie können heute, wenn Sie wirklich anfangen, aktiv zu denken, gar nicht anders, als die geistige Welt in sich hereinspielen zu lassen.»

XIV. Über das Erleben des Denkens (Kap. 7, S. 32)

GA 20, Vom Menschenrätsel, Ausblick:

«Der Mensch kann in das gewöhnliche bewusste Denken eine stärkere Willensentfaltung einführen, als in diesem im gewöhnlichen Erleben der physischen Welt vorhanden ist. Er kann dadurch vom Denken zum *Erleben des Denkens* übergehen. Im gewöhnlichen Bewusstsein wird nicht das Denken erlebt, sondern durch das Denken dasjenige, was gedacht wird. Es gibt nun eine innere Seelenarbeit, welche es allmählich dazu bringt, nicht in dem, was gedacht wird, sondern in der Tätigkeit des Denkens selbst zu leben.»

GA 67, Das Ewige in der Menschenseele, 21.2.1918:

«Es handelt sich dabei … darum, dass der Mensch das, was sonst bloß kombinierendes Denken ist, wie es dem zugrunde liegt, was man heute oftmals allein ‹Wissenschaft› nennt, zum innerlichen Denkleben erweckt. Dann ist das Denken ein Leben in Gedanken. Dann kann man auch nicht mehr über das Denken denken, sondern dann verwandelt es sich überhaupt in etwas anderes. Dann verwandelt sich das Denken über das Denken in eine geistige Anschauung des Denkens …»

XV. Über das wortlose Denken (Kap. 7, S. 32)

GA 233a, Mysterienstätten des Mittelalters, 13.1.1924:

«Und so ist es bei Michael, dass er eine strenge Abweisung für alles das hat, was auch z.B. das Trennende der menschlichen Sprachen ist. Solange man seine Erkenntnisse in die Sprachen nur einhüllt, sie nicht hinaufträgt in den Gedanken, so lange kommt man nicht in die Nähe des Michael… Und so schaut man denn heute diesen Kampf von nach oben anstürmenden ahrimanischen Geistern, die das nach oben tragen möchten, was aus den vererbten Nationalitäts-Impulsen herauskommt, und was Michael streng abweist, zurückweist …

Es ist in der Tat heute nach dieser Richtung hin der lebhafteste Geisteskampf vorhanden, weil über einen großen Teil der Menschheit das ja ausgegossen ist, dass nicht Gedanken vorhanden sind, sondern, dass die Menschen in Worten denken. Zu Michael kommt man nur, wenn man durch die Worte hindurch zu wahren inneren Geist-Erlebnissen kommt; wenn man nicht an den Worten hängt, sondern zu wahren inneren Geist-Erlebnissen kommt. Das ist ja in der Tat das Geheimnis der modernen Einweihung: über die Worte hinauszukommen zum Erleben des Geistigen.»

GA 271, Kunst und Kunsterkenntnis, 5.5.1918:

«Der Seher aber erlebt das, was für ihn Inhalt des geistigen Erlebnisses ist, außerhalb der Sprache. Das ist etwas, was man schwer klarmachen kann, weil die meisten Menschen in Worten denken, aber der Seher denkt wortlos und ist dann genötigt, das, was wortlos ist im Erleben, in die schon festgestaltete Sprache hineinzugießen. Er muss sich den formalen Verhältnissen der Sprache anbequemen. Er braucht dies nicht als Zwang zu fühlen, denn er kommt dahinter, worin das Geheimnis des Spracheschaffens besteht. Er kann sich verständigen dadurch, dass er das Vorstellungsmäßige der Sprache abstreift. Daher ist es so bedeutungsvoll, dass man begreift, es ist wichtiger, wie der Seher es sagt, als was er sagt. Was er sagt, ist bedingt durch die Vorstellung, die jeder von außen herein mitbringt. Er ist genötigt, um nicht als Narr angesehen zu werden, das, was er zu sagen hat, in gangbare Sätze und Vorstellungsverknüpfungen zu kleiden… Der steht ihm richtig gegenüber, der da auf das Wie des Ausdruckes kam, der darauf kam, dass der Seher achtgibt, manches kurz, anderes breiter, anderes gar nicht zu sagen, dass er genötigt ist, den Satz von einer Seite so zu formulieren, dann einen anderen dazuzusetzen von der anderen Seite her … Daher ist es wichtig zum

Verständnis, weniger bloß auf den Inhalt zu hören, der natürlich als Offenbarung der Geisteswelt auch wichtig ist, als durch den Inhalt durchzudringen auf die Art, wie der Inhalt ausgedrückt wird, um zu sehen, ob der Redner nur Sätze und Theorien koppelt, oder ob er aus Erfahrung redet. Das Sprechen aus der Geisteswelt wird sichtbar im Wie des Gesagten, nicht so sehr im Inhalt, sofern er theoretischen Charakter hat, sondern wie er zum Ausdruck kommt.»

Ebenda am 6.5.1918:

«Was da [in der geistigen Welt] angeschaut wird, das wird nicht in Worten angeschaut, es drückt sich nicht unmittelbar in Worten aus. So hat man es in der Verständigung mit der Außenwelt seherisch schwer, denn die meisten Menschen denken theoretisch und inhaltlich in Worten und können sich nicht ein Leben der Seele vorstellen, das über die Worte hinaus ist. Daher empfindet derjenige, der die Geisteswelt empfindend erlebt, es als einen gewissen Zwang, in die schon gestaltete Sprache das hineinzugießen, was er erlebt. Aber dadurch, dass er zum Schweigen bringt, was sonst in der Sprache lebt – das Vorstellungs- und Erinnerungsvermögen –, kann er in sich rege machen die sprachschöpferischen Kräfte selbst, jene schöpferischen Kräfte, die an der Menschheitsentwickelung tätig waren, als die Sprache entstand. Der Seher muss sich versetzen in die Seelenverfassung, wo die Sprache erst entstand, muss die doppelte Tätigkeit entwickeln, innerlich zu gestalten Spirituelles, das er geschaut, und in den Geist der Sprachgestaltung so untertauchen, dass er beides miteinander zu verbinden vermag. Daher ist es wichtig einzusehen, dass man die Worte des Sehers anders auffassen muss als sonst Worte. Indem der Seher sich mitteilt, muss er sich der Sprache bedienen, aber so, dass er das, was in der Sprache schöpferisch tätig ist, wieder entstehen lässt, indem er gewisse Dinge stark, andere weniger betont …

Es kommt darauf an, dass er zuerst gestaltet, es kommt darauf an, wie er die Dinge sagt, besonders die Dinge über die Geisteswelt, nicht bloß auf das, was er sagt. Weil das so wenig in Betracht gezogen wird, und weil die Menschen bei den Worten sich erinnern, was diese sonst bedeuten, wird der Seher so schwer verstanden.»

XVI. Über die «Zwei Wege» (Kap. 7, S. 32)

Im Nachwort zu *Wie erlangt man Erkenntnisse der höheren Welten?* geschieht ein bedeutsamer Schritt im Hinblick auf die Auffassung, dass es zwei Wege zu höheren Erkenntnissen gäbe; einen durch die *Philosophie der Freiheit* (als Übungsbuch) und einen anderen durch das eben erwähnte Werk. Im genannten Nachwort lesen wir:

«Für die hier gemeinte übersinnliche Seelenbetätigung ist es außerordentlich bedeutsam, in voller Klarheit das Erleben des reinen Denkens zu durchschauen. Denn im Grund ist dieses Erleben selbst schon eine übersinnliche Seelenbetätigung. Nur eine solche, durch die man noch nichts Übersinnliches schaut. Man lebt mit dem reinen Denken im Übersinnlichen; aber man erlebt nur *dieses* auf eine übersinnliche Art; man erlebt noch nichts anderes Übersinnliches. Und das übersinnliche Erleben muss sein eine Fortsetzung desjenigen Seelenerlebens, das schon im Vereinigen mit dem reinen Denken erreicht werden kann. Deshalb ist es so bedeutungsvoll, diese Vereinigung richtig erfahren zu können. Denn von dem Verständnisse dieser Vereinigung leuchtet das Licht, das auch rechte Einsicht in das Wesen der übersinnlichen Erkenntnis bringen kann.»

Damit werden die zwei Wege in ein Verhältnis zueinander gebracht bzw. vereint.

XVII. Über Gemeinschaftsbildung (Kap. 7, S. 32)

GA 257, Anthroposophische Gemeinschaftsbildung, 3.3.1923:

«Es ist notwendig, Verständnis zu erringen für das, was Anthroposophie in der Anthroposophischen Gesellschaft sein soll: Ein Geistesweg soll sie sein. Dann findet sich auch die Gemeinschaftsbildung, wenn sie ein Geistesweg ist.»

Wird Anthroposophie nicht als ein Geistesweg aufgefasst und geübt, dann entsteht das Gegenteil der Gemeinschaftsbildung.

Ebenda am 28.2.1923:

«Und wenn mehrere Menschen sich mit demjenigen, was sie aus dem Alltagsbewusstsein haben, dann zusammenfinden und nicht mit der vollen Empfindung sich erheben zu der übersinnlichen Welt, wenn sich solche Menschen zusammenfinden, um einfach in der alltäglichen Seelenverfassung die Sprache der übersinnlichen Welt zu hören, dann ist eine unendlich große Möglichkeit gegeben, dass sie ins Streiten kommen, weil sie untereinander auf die naturgemäßeste Weise zu Egoisten werden.»

«Wenn die Menschen also ihren gewöhnlichen Seelenduktus hineintragen in ihr vermeintliches Verstehen der Lehre aus der höheren Welt, dann kommen sie aus diesem Hineintragen ganz selbstverständlich zu Egoismus und Streit.»

XVIII. Über Wissenschaftlichkeit (Kap. 7, S. 32)

GA 203, Die Verantwortung des Menschen für die Weltentwickelung, 8.2.1921:

«Die Gewohnheiten des Arbeitens in gewissen Orden und in den theosophischen Bewegungen konnten schon deshalb durchaus nicht anwendbar sein auf dasjenige, was der Inhalt war, der sich auswirkte durch die anthroposophische Bewegung, weil diese anthroposophische Bewegung, trotzdem sie zum Herzen und zum Gemüte eines jeden einzelnen Menschen spricht, doch zu gleicher Zeit von Anfang an voll gewachsen war allen wissenschaftlichen Anforderungen, die nur in der Gegenwart irgendwie gestellt werden können. Das letztere ist ja eine Tatsache, die von vielen Seiten auch innerhalb der Mitgliedschaft durchaus nicht ernst genommen worden ist.»

GA 215, Die Philosophie, Kosmologie und Religion in der Anthroposophie, 6.9.1922:

«Hier [im Goetheanum] soll eine wissenschaftliche Methode für die Erkenntnis des Übersinnlichen ausgebildet werden, so streng, so exakt, so wissenschaftlich, wie dies für die wissenschaftlichen Methoden heute auf dem Gebiete des Naturforschens verlangt wird. Man kann nur dann in das übersinnliche Gebiet hinaufgelangen, wenn man nicht stehenbleibt bei den Forschungswegen, die bloß für das Sinnliche geeignet sind. Man kann aber nicht wissenschaftlich in die übersinnlichen Welten hinaufgelangen, wenn man aus einem anderen Geiste heraus verfährt als der ist, der sich so tüchtig bewährt hat für das Gebiet der sinnlichen Wirklichkeit.»

XIX. Über die Pflege der Geisteswissenschaft (Kap. 7, S. 32)

Im zweiten der achtzehn Briefe an die Mitglieder (GA 260a) wird zusammengefasst, wie Steiner über die Pflege der Geisteswissenschaften gedacht hat.

«Für Menschen soll Anthroposophie da sein, die in ihrer Seele die Wege zum geistigen Erleben suchen …

Anthroposophie kann nur als etwas Lebendiges gedeihen. Denn der Grundzug ihres Wesens ist Leben. Sie ist aus dem Geiste fließendes Leben. Deshalb will sie von der lebendigen Seele, von dem warmen Herzen gepflegt sein.

Die Urform, in der sie unter Menschen auftreten kann, ist die Idee; und das erste Tor, an das sie sich bei Menschen wendet, ist die Einsicht. Wäre das nicht so, sie hätte keinen Inhalt. Sie wäre bloße Gefühlsschwärmerei. Aber der wahre Geist schwärmt nicht; er spricht eine deutliche, inhaltvolle Sprache.

Aber diese Sprache ist eine solche, die nicht allein den Verstand, sondern den ganzen Menschen ergreift. Wer nur mit dem Verstande Anthroposophie aufnimmt, der tötet sie in seinem Aufnehmen...

Sie [die Anthroposophie] muss jedesmal neu entstehen, wenn das Menschenherz sich an das Buch wendet, um von ihr zu erfahren... Nur Bücher, die im lesenden Menschen lebendig werden können, sind anthroposophische Bücher.

Noch weniger als das tote Buch selbst verträgt die Anthroposophie das in der Menschenrede zum Scheinleben gewordene Buch...

Deshalb kann Anthroposophie, wenn sie auch als Literatur notwendig leben *muss,* jedesmal wie neu geboren werden, wenn sie in einer Gruppe von Menschen im Worte den Weg zu den Seelen sucht. Aber sie wird da nur neu geboren werden, wo der Mensch zum Menschen spricht, nicht der aufgenommene Gedanke.»

Aus dem letzten Brief:

«Es wird ... viel zu wenig darauf gesehen, dass Anthroposophie nicht graue Theorie, sondern wahres Leben sein soll. Wahres Leben, das ist ihr Wesen; und wird sie zur grauen Theorie *gemacht,* dann ist sie oft gar nicht eine *bessere,* sondern eine *schlechtere* Theorie als andere. Aber sie wird eben erst Theorie, wenn man sie dazu *macht,* wenn man sie tötet. *Das* wird noch viel zu wenig gesehen, dass Anthroposophie nicht nur eine andere Weltanschauung ist als andere, sondern dass sie auch *anders aufgenommen werden muss.* Man erkennt und erlebt ihr Wesen erst in dieser anderen Art des Aufnehmens.»

XX. Über die Auffassung geistiger Wahrheiten (Einleitung, S. 12)

GA 184, Die Polarität von Dauer und Entwickelung im Menschenleben, 6.9.1918:

«Und gut ist es, wenn insbesondere auf unseren anthroposophischen Standpunkten bewusst und gründlich erkannt wird: auch dasjenige Wissen, das man in der Gegenwart, und sei es auch ein noch so ausgeprägtes, über spirituelle Dinge erwerben kann, es darf nicht aufgefasst werden wie eine Summe von absoluten Dogmen. Man muss sich klar sein darüber, dass Spätere in kommenden Zeiten auftreten werden, die gerade an dem, was wir heute vorzubringen in der Lage sind, Wahreres sehen werden, als wir selbst sehen können. Darauf beruht eigentlich die geistige Entwickelung der Menschheit. Und alles Hemmnis, alles Hindernis des geistigen Fortschrittes der Menschheit beruht schließlich darauf, dass die Menschen das nicht zugeben wollen, dass sie gern Wahrheiten überliefert haben möchten, die nicht die Wahrheiten eines bestimmten Zeitalters sind, sondern die absolute, zeitlose Dogmen sind.»

GA 162, Kunst und Lebensfragen im Lichte der Geisteswissenschaft, 3.6.1915:

«Aber geradeso wie die Geisteswissenschafter von heute stehen zu den Materialisten, so wird es in der Zukunft ein kleines Häuflein von Menschen geben, die über die Geisteswissenschaft hinausgehen werden zu etwas, was sich in dieser Zukunft zur Geisteswissenschaft als etwas so Neues verhält, wie die Geisteswissenschaft zu der bloß äußeren Wissenschaft. Das wird noch viel mehr Ansprüche stellen an die Aktivität des Menschen als die Geisteswissenschaft.»

Anmerkungen

Die Werke Rudolf Steiners werden zitiert nach den Bibliographienummern der Gesamtausgabe (GA), die im Rudolf Steiner Verlag, Dornach/Schweiz, erscheint.

1 GA 199, Geisteswissenschaft als Erkenntnis der Grundimpulse sozialer Gestaltung, 20.8.1920.
2 Vgl. G. Kühlewind, Die Wahrheit tun, Kap. Über das geisteswissenschaftliche Studium, Stuttgart, 2. Auflage 1982.
3 G. Kühlewind, Das Licht des Wortes, Kap. Das Leben der Bewusstseinsseele, Stuttgart 1984.
4 D.T. Suzuki, Die Zen-Lehre vom Nicht-Bewusstsein, Kap. Die Einsicht in die eigene Selbstnatur, München-Planegg, 1957.
5 G. Kühlewind, Das Licht des Wortes, Kap. Das wortlose Denken; Das Leben der Bewusstseinsseele, Stuttgart 1984.
GA 1926, Okkulte Geschichte, 30.12.1910.
6 GA 4, Die Philosophie der Freiheit, Zweiter Anhang.
7 GA 10, Wie erlangt man Erkenntnisse der höheren Welten? Kap. Bedingungen.
8 GA 215, Die Philosophie, Kosmologie und Religion in der Anthroposophie, 8.9.1922; vgl. auch GA 153, Inneres Wesen des Menschen und Leben zwischen Tod und neuer Geburt, 10.4.1914.
9 GA 177, Die spirituellen Hintergründe der äußeren Welt, 1.10.1917.
10 GA 97, Das christliche Mysterium, 22.2.1907.
11 G. Kühlewind, Die Diener des Logos, Kap. IX. - XII., Stuttgart 1981; Das Licht des Wortes, Kap. 16, Stuttgart 1984.
12 GA 21, Von Seelenrätseln, Kap. IV.1.
13 GA 78, Anthroposophie – ihre Erkenntniswurzeln und Lebensfrüchte, 30.8.1921.
14 GA 253, Probleme des Zusammenlebens in der Anthroposophischen Gesellschaft, 12.9.1915.

15 GA 271, Kunst und Kunsterkenntnis, 5. und 6.5.1918.
16 GA 20, Vom Menschenrätsel, Kapitel: Ausblicke.
17 Siehe im vorliegenden Buch das Kapitel: Der Charakter der Geisteswissenschaft.
18 Siehe Anhang: II. Über kombinierende Verstandestätigkeit in bezug auf das Übersinnliche.
19 GA 138, Von der Initiation. Von Ewigkeit und Augenblick. Von Geisteslicht und Lebensdunkel. 28.8.1912.
20 GA 231, Der übersinnliche Mensch, anthroposophisch erfasst, 18.11.1923.
21 GA 20, Vom Menschenrätsel, Kapitel: Ausblicke.
22 Siehe im vorliegenden Buch das Kapitel: Die Versuchung.
23 GA 178, Individuelle Geistwesen und ihr Wirken in der Seele des Menschen, 15.11.1917.
24 Siehe den ganzen in Anm. 23 angegebenen Vortrag.
25 GA 21, Von Seelenrätseln, Kapitel IV.2. Das Auftreten der Erkenntnisgrenzen.
26 Siehe Georg Kühlewind, Bewusstseinsstufen, Kapitel: Die zwei Bewusstseinsstufen in der Philosophie der Freiheit. 3. Auflage, Stuttgart 1993.
27 Über das Thema «Zwei Wege» siehe im vorliegenden Buch Anhang: XVI.
28 GA 199, Geisteswissenschaft als Erkenntnis der Grundimpulse sozialer Gestaltung, 6.8.1920.
29 GA 187, Wie kann die Menschheit den Christus wiederfinden?, 28.12.1918.
30 Aus dem Vorwort von Jörgen Smit zum vorliegenden Buch.

Autobiographische Skizze*
(1984)

Ich kam 1924 in Mitteleuropa zur Welt. Meine ersten Interessen, als ich fünfzehn war, galten der Psychoanalyse, C.G.Jung und der Religions- und Kulturgeschichte. Mit siebzehn begann ich Karl Kerényi zu studieren. Freud und Jung überzeugten mich, dass das Leben rational nicht zu verstehen war. Ich studierte Wirtschaftswissenschaft. Ich versuchte, alle Gewohnheiten, Überlieferungen und Konventionalität in mir auszumerzen – mit Erfolg. Es blieb nur eine Wüste. (Mit fünf hatte ich ein sehr eindrückliches Erlebnis, ein Ich zu sein – eine Erfahrung, wie die Jean Pauls, die Steiner in seiner *Theosophie* beschreibt.)

Der Anthroposophie begegnete ich erstmals mit achtzehn Jahren. Ich hatte das Gefühl: Das ist interessant, aber ich kenne das alles schon – es lebt in mir. Nach dem Krieg gab es eine zweite Begegnung: mit *Wahrheit und Wissenschaft* und *Goethes Weltanschauung.* Danach inspirierte mich der Hamburger Zyklus über das Johannes-Evangelium. Ich begann, ein Buch nach dem andern zu lesen, und dies ging etwa zehn Jahre lang so weiter. Dann spürte ich: das ist steril, ich komme auf dem Weg innerer Arbeit in der Praxis nicht weiter, und dieser «Berg» von Wissen, den ich angehäuft habe, scheint nur Ballast zu sein – und das war er tatsächlich auch.

An diesem Punkt hätte ich beinahe die gesamte Anthroposophie über Bord geworfen, aber ich hatte eine bedeutsamen Traum, und ich erinnerte mich an eines von Steiners Büchern, von dem ich wusste, dass ich es nicht verstanden hatte: *Die Philosophie der Freiheit.* Ich begann also, dieses Buch und alle anderen erkenntniswissenschaftlichen Bücher Steiners zu studieren. Ich wollte ihnen «eine letzte Chance» geben und sie aus sich selbst heraus verstehen. Etwa nach einem halben Jahr war mir klar, welche Richtung ich einzuschlagen hatte. Ich sah, wo ich mich geirrt und missverstanden hatte, meinend, dass ich verstanden hätte. Mir wurde klar, dass die Ebene wirklichen Verstehens die Ebene des lebendigen, erlebten Denkens ist, d.h. der Prozess, nicht der Gedanke. Von da an (1958) begann ich allmählich den Weg innerer Schulung. 1964 traf ich Massimo Scaligero, den italienischen anthroposophischen Denker. Aus der Begegnung mit seinen Büchern entstand eine tiefe und hilfreiche Freundschaft, die auch nach seinem Tod – er starb 1980 – noch anhält, obwohl es mehr als eine Frage gab, in der wir nicht übereinstimmten.

Eine andere, für mich sehr wichtige Freundschaft sei hier außerdem erwähnt. 1979 lernte ich durch einen Briefwechsel Mme Rihouet-Coroze kennen, eine herausragende Persönlichkeit der anthroposophischen Bewegung in Frankreich. Sie war achtundachtzig, als die Freundschaft begann. Sie hat mein Buch *Das Gewahrwerden des Logos* ins Französische übersetzt. Ungefähr hundertzwanzig Briefe haben wir in den verbleibenden zweieinhalb Jahren ihres Lebens gewechselt – sie starb 1982.

Ab 1965 begann ich, mit Freunden in Gruppen zu arbeiten, und 1966 fing ich an, in Österreich, in der Schweiz und in Deutschland Vorträge zu halten. Von Anfang an galt mein Interesse an der Anthroposophie dem Studium des Bewusstseins und damit zusammenhängenden Themen. Sehr bald wurde ich deshalb zur Idee des Logos geführt. Die letzten zwanzig oder zweiundzwanzig Jahre war der Prolog des Johannes-Evangeliums meine zentrale Meditation. Deswegen haben auch alle Bücher, die ich geschrieben habe, mit diesem Thema zu tun.

Nach dem Krieg hatte ich zu entscheiden, was ich studieren sollte. Schließlich habe ich ein naturwissenschaftliches Fach gewählt, und ich war dann dreißig Jahre lang Hochschullehrer an einer Technischen Universität. Ich habe intensiv Forschungsarbeit betrieben und auch viel mit Technik und Industrie zu tun gehabt. Aus dieser Berührung sind auch einige Erfindungen hervorgegangen.

Mit siebenundfünfzig habe ich mich pensionieren lassen. Seitdem arbeite ich hauptsächlich auf den Gebieten der Erkenntniswissenschaft, der Linguistik und der Psychologie, die ich für die charakteristischen Wissenschaften der Bewusstseinsseele halte. Ich bin sehr froh, Naturwissenschaft studiert und betrieben zu haben; man lernt daran, wissenschaftlich zu denken, und ohne das kann eine richtige Geisteswissenschaft, wie sie Steiner skizziert hat, nicht aufgebaut werden. Sie wartet noch auf Forscher, die dazu fähig sind, Wissenschaft auf einer höheren Ebene zu praktizieren, als es die bekannten Wissenschaften tun. Ich halte es für meine Lebensaufgabe, Grundlegendes zu dieser Wissenschaft beizutragen.

In jungen Jahren studierte ich Musik – Klavier – und wollte Musiker werden; aber das blieb nur ein Wunsch. Mein größtes musikalisches Erlebnis war, Kathleen Ferrier singen zu hören – leider hörte ich sie nie, als sie noch lebte! Unter den neueren Komponisten ist mir Bartók der wichtigste. Für mich repräsentiert er die Musik der Bewusstseinsseele. In der Literatur lernte ich viel von Aldous Huxley; von den Dichtern schätze ich Hölderlin, Rilke vor allem, Celan, und besonders Dante. Etwa 1967 lernte ich den Zen-Buddhismus kennen – eine Begegnung, die mein Leben sehr nachhaltig beeinflusst hat. Ich glaube, Anthroposophen könnten viel vom alten und japanischen Zen lernen. Das meine ich vom heutigen Zen des «weißen Mannes» allerdings nicht.

Schließlich möchte ich noch zwei weitere Autoren erwähnen, die mich beeinflusst haben: J.R.R.Tolkien und Michael Ende. Natürlich habe ich gelesen, was jeder Sucher liest – Philosophie, esoterische Traditionen, Sprachwissenschaft, Mythologie, Völkerkunde, vergleichende Religionswissenschaft usw. Ich glaube jedoch nicht, dass etwas davon einen besonderen Einfluss darauf hatte, wie ich heute bin.

Noch etwas? das ist die umfassendste und wichtigste Frage, aber es ist genau die eine, die ich hier nicht beantworten kann. Mein Trost ist, dass ich damit nicht allein bin. Ein Vogel, der singend auf meinem Fensterbrett sitzt, das Glitzern des Schnees im Garten, das Meer an einem stürmischen Morgen, der Schrei eines Falken, das beginnende Lächeln eines lieben Gesichts, die erste Zärtlichkeit einer Hand – bestimmt hatte all das und manch anderes «kleine» Ereignis eine vielleicht größere Auswirkung auf mein Leben als alles, was ich sonst nennen könnte. Sie, die Leser, müssen sich damit zufrieden geben. Ich bin für Ihr Interesse dankbar.

Zusatz (2000)

In den letzten fünfzehn Jahren wurde mein Interesse stark auf die spirituelle Anthropologie des Kleinkindes und der Menschen mit geistiger Behinderung gelenkt. Dies führte 1995 zur Gründung der Internationalen Logos-Stiftung (New Jersey, USA) für verwahrloste Kinder jeglicher Art. Mein zentrales Forschungsthema zu den neuen Gebieten wurde die menschliche Aufmerksamkeit oder Bewusstheit (awareness) – ihr Ursprung, ihre Entwicklung und ihre weiteren Entwicklungsmöglichkeiten. Nach wie vor sehe ich in der Ausarbeitung des modernen Erkenntnisweges die wichtigste Aufgabe. Ohne sie können weder Geisteswissenschaft noch Pädagogik, Medizin, Psychotherapie usw. betrieben werden.

G. K.

* *Aus der amerikanischen Ausgabe von Georg Kühlewinds Buch «Bewusstseinsstufen» (Stages of Consciousness) übersetzt von Norbert Wengerek.*

Bücher von Georg Kühlewind

Bewusstseinsstufen
Meditationen über die Grenzen der Seele
102 Seiten, kartoniert

Die Wahrheit tun
Erfahrungen und Konsequenzen des intuitiven Denkens
204 Seiten, kartoniert

Das Gewahrwerden des Logos
Die Wissenschaft des Evangelisten Johannes
183 Seiten, kartoniert

Das Licht des Wortes
Welt, Sprache, Meditation
204 Seiten, kartoniert

Vom Normalen zum Gesunden
Wege zur Befreiung des erkrankten Bewusstseins
248 Seiten, kartoniert

Weihnachten
Die drei Geburten des Menschen
104 Seiten mit vier farbigen Tafeln, gebunden

Aufmerksamkeit und Hingabe
Die Wissenschaft des Ich
110 Seiten, kartoniert

Der sanfte Wille
Vom Gedachten zum Denken, vom Gefühlten zum Fühlen,
vom Gewollten zum Willen
129 Seiten, kartoniert